Sexualwissenschaftliche Schriften

Der Lehr- und Forschungsschwerpunkt Angewandte Sexualwissenschaft am Fachbereich Soziale Arbeit. Medien. Kultur ist im deutschsprachigen Raum einzigartig. Auf Grund seines Charakters an der Nahtstelle zwischen Theorie und Praxis entstehen hier innovative Arbeiten insbesondere im Bereich der sexuellen Bildung. In der Reihe Sexualwissenschaftliche Schriften werden sehr gute Qualifikationsarbeiten publiziert. Sie sollen Forschungsprojekte bereichern und Anregungen für die Praxis liefern.

Kruber, Anja; Weller, Konrad; Bathke, Gustav-Wilhelm;
Voß, Heinz-Jürgen

PARTNER 5
Erwachsene 2020

Primärbericht: Sexuelle Grenzverletzungen und sexualisierte Gewalt

Impressum

© 2022 Heinz-Jürgen Voß (Herausgeber)

Lehr- und Forschungsbereich
Angewandte Sexualwissenschaft

Hochschule Merseburg

Mitarbeiter*innen der Studie:
M.A. Anja Kruber (Konzeption, Fragebogenentwicklung und -design, Forschungsorganisation, Auswertung)
Prof. Dr. Gustav-Wilhelm Bathke (Fragebogenentwicklung und -design, Datenbank, Auswertung)
Prof. Dr. Konrad Weller (Fragebogenentwicklung, Auswertung)
Prof. Dr. Heinz-Jürgen Voß (Gesamtleitung)
Elisabeth Eckert (Forschungsorganisation, Auswertung)
Elisabeth Voigt (Forschungsorganisation, Auswertung)
M.A. Maria Urban (Beratung)
Prof. Dr. Kurt Starke (Beratung, Auswertung)
Weitere Student*innen des Masterstudienganges Angewandte Sexualwissenschaft beteiligten sich an der Herstellung des Fragebogens und werden in Teilauswertungen der Studie einbezogen.

Hochschulverlag
www.hs-merseburg.de/bibliothek/hochschulverlag

ISBN: 978-3-948058-37-1

Gestaltung:
André Luttermann

Titelbild:
www.pixabay.com

Gedruckt auf säurefreiem Papier

Herstellung und Auslieferung:
Open Publishing GmbH
openpublishing.com

Inhaltsverzeichnis

Ergebnisse auf einen Blick

PARTNER 5 Erwachsene 2020 wurde als onlinebasierte Studie von Juni bis Oktober 2020 durchgeführt. Die Aussagen von 3466 Personen zwischen 18 und 84 Jahren (Durchschnittsalter 38,5 Jahre) gingen in die Auswertung ein, darunter 1892 Frauen, 1433 Männer sowie 141 Personen mit diverser Geschlechtsidentität. Die Teilnehmer*innen wohnen in allen Bundesländern, 502 in Sachsen-Anhalt.

PARTNER 5 ist eine komplexe sexualwissenschaftliche Studie mit einigen kriminologisch relevanten Fragestellungen. Neben der Erhebung von Prävalenzen zu sexuellen Grenzverletzungen und der Analysen zu Anzeige bzw. Nichtanzeige strafrechtlich relevanter Taten, geht es vor allem um die subjektive Sicht der Betroffenen: was haben sie erlebt, wie sind sie damit umgegangen, wie haben sie das Erlebte verarbeitet, wie stark ist der Leidensdruck und wovon hängt er ab.

Teil 1: Erfahrungen mit verschiedenen sexuellen Grenzverletzungen

Sexuelle Belästigung: Fast alle Frauen und Menschen mit nonbinärer Geschlechtsidentität (97% bzw. 95%) haben schon Formen sexueller Belästigung erlebt resp. sich belästigt gefühlt, unter den Männern sind es gut die Hälfte (55%). Verbale und visuelle Formen (z.B. anzügliche Bemerkungen oder Blicke) sind ebenso häufig wie körperliche Übergriffe. Die jüngeren Befragten haben Belästigungen häufiger erlebt als die älteren, was auf die historisch angewachsene Sensibilität gegenüber sexuellen Grenzverletzungen zurückzuführen ist, die in den jüngeren Generationen stärker ausgeprägt ist.

Wo erfolgen sexuelle Übergriffe: In der Freizeit, im öffentlichen Raum werden am häufigsten sexuelle Übergriffe erlebt, mit deutlichem Abstand folgen Schule, Internet sowie berufliche Kontexte (einschließlich Berufsausbildung oder Studium). Am seltensten sind Übergriffserfahrungen in der Familie und in der Partnerschaft.

Partnerschaftsgewalt: Rund 90% aller aktuellen Beziehungen sind frei von Gewalt. Die Hälfte aller Frauen und diverser Personen und ein Viertel der Männer haben aber (überwiegend in Vorbeziehungen) bereits Formen partnerschaftlicher Gewalt (verbal, körperlich, sexuell) erlebt. Frauen sind von allen Formen häufiger betroffen. Opfer sexueller Gewalt in Partnerschaften sind zu 85% weiblich. Ein historischer Vergleich unter ostdeutschen Frauen belegt einen Anstieg sexueller Partnergewalt von 4% 1990 auf 29% 2020.

Während Männer in Partnerschaften häufiger sexuellen Zwang ausüben, schlagen Frauen häufiger zu und üben auch verbal mehr Gewalt aus.

Vergewaltigung: 42% der befragten Frauen haben bereits einen Vergewaltigungsversuch erlebt, 28% eine Vergewaltigung. 1990 gaben 17% der Frauen eine erlebte Vergewaltigung an. Die historische Zunahme ist auf ein Anwachsen von Beziehungstaten zurückzuführen.

Teil 2: Das einprägsamste Erlebnis

Zur genaueren Charakterisierung konkreter Delikte und der Erfassung des damit verbundenen Anzeigeverhaltens wurde in der Studie nach dem einprägsamsten Erlebnis eines sexuellen Übergriffs gefragt, zu dem sich zwei Drittel der Frauen, drei Viertel der Diversen und ein Fünftel der Männer äußerten.

Deliktcharakteristika: Bei 80% aller geschilderten Erlebnisse handelt es sich um Hands-on-Delikte (zur Hälfte um strafrechtlich relevante erzwungene sexuelle Handlungen/ Vergewaltigungen).

Alter der Opfer: Ein Viertel aller beschriebenen Taten betrifft sexuelle Übergriffe im Kindesalter, ein weiteres Viertel solche im Jugendalter.

Täter*innen: Die Täter*innen sind überwiegend männlich. Frauen geben zu 2%, Männer zu 27% weibliche Täter*innen an. Knapp zwei Drittel aller

Taten werden durch bekannte Täter*innen ausgeübt, bei Übergriffen in der Kindheit sind es drei Viertel.

Wahrnehmung: Nur in der Hälfte der Fälle wurden Übergriffe sofort als solche erkannt, von jüngeren Kindern bis 10 nur in einem Drittel der Fälle, von Erwachsenen in zwei Dritteln.

Vertrauenspersonen: Opfer sexueller Übergriffe teilen sich heutzutage häufiger jemandem mit - wurden noch vor 20 Jahren in weniger als der Hälfte der Fälle Personen ins Vertrauen gezogen, so sind es mittlerweile über 90%.

Anzeigeverhalten: Weibliche Opfer zeigen häufiger an als männliche (8% : 5%). Übergriffe in der Kindheit werden bei beiden Geschlechtern annähernd gleich in 10% der Fälle zur Anzeige gebracht. Die Anzeigehäufigkeit ist historisch angewachsen: Haben Personen über 40 Jahre Missbrauch in der Kindheit nur zu 4% zur Anzeige gebracht, sind es bei den unter 40jährigen 14%. Eine historisch generell angewachsenen Anzeigebereitschaft – über alle Delikte hinweg - kann jedoch nicht festgestellt werden.

Bekannte Täter*innen werden nur halb so oft angezeigt wie unbekannte (5% : 12%). Die größte Anzeigehäufigkeit existiert bei exhibitionistischen Übergriffen durch Fremdtäter. Hier wird jede fünfte Tat durch betroffene Frauen angezeigt. Am zweithäufigsten (zu 15%) angezeigt werden Vergewaltigungen durch Fremdtäter.

Beurteilung des Anzeigeverhaltens: Die wenigen Personen, die Anzeige erstatteten, beurteilen ihre Entscheidung retrospektiv zu 90% als richtig. Im Gegensatz dazu polarisieren sich die Beurteilungen derjenigen, die nicht angezeigt haben: 58 % stehen zur Entscheidung, 42 % beurteilen sie als falsch. Je jünger die Befragten zum Zeitpunkt des sexuellen Übergriffs waren, desto eher bezeichnen sie die Nichtanzeige aus heutiger Sicht als falsch. Die Nichtanzeigen werden umso kritischer eingeschätzt, je weiter die Delikte zurückliegen, was auf verbesserte gesellschaftliche Bedingungen schließen lässt: Entscheidenden Einfluss auf die Zufriedenheit mit der Entscheidung hat die Einbeziehung von Vertrauenspersonen und die möglichst selbst bestimmte Entscheidung.

Hilfs- und Unterstützungsbedarf: Den allermeisten von sexueller Gewalt betroffenen stehen – wenn sie es denn möchten - private wie professionelle Hilfsangebote zur Verfügung. Frauen und diverse Personen greifen darauf häufiger zurück (zu 45% bzw. 61%) als Männer (zu 25%). Nur 7% der Betroffenen (Frauen wie Männer, Diverse 14%) äußern Hilfebedarf, ohne bereits Hilfe erhalten zu haben.

Leidensdruck: Nur wenige Befragte (1 bis 5%) äußern einen sehr starken Leidensdruck, aber auch nur ein Drittel der Frauen (36%) und 20% der diversgeschlechtlichen Personen sind ganz beschwerdefrei – von den Männern allerdings 61%. Erlebte Vergewaltigungen werden am nachhaltigsten als Belastung erlebt, die Bekanntheit der Täter und das Alter zur Tat (je jünger desto belastend) sind weitere verstärkende Faktoren. Ob eine Tat angezeigt wurde oder nicht, wirkt sich nicht systematisch auf das Belastungserleben aus, wohl aber, ob die Entscheidung darüber (i.d.R. die Nicht-Anzeige) als richtig oder falsch eingeschätzt wird.

1. Konzept und Ziele der Studie

Die Studie PARTNER 5 wurde konzipiert als komplexe quantitative Erhebung des sexuellen und partnerschaftlichen Verhaltens und Erlebens von Jugendlichen und Erwachsenen mit dem Schwerpunkt der Erfassung von Erfahrungen mit sexuellen Grenzverletzungen. Geplant war eine repräsentative regionale Befragung von Jugendlichen in Sachsen-Anhalt, Sachsen und Thüringen sowie eine internetbasierte Studie unter Erwachsenen. Die Befragung der Jugendlichen in Bildungseinrichtungen musste kurz nach ihrem Start im Januar 2020 coronabedingt abgebrochen werden. Sie wurde nach Erarbeitung einer Online-Fragebogenvariante Ende 2020 wieder aufgenommen und ist z.Z. (Januar 2021) noch im Feld. Die Studie unter Erwachsenen wurde online durchgeführt (Details s.u.). Der vorliegende **Primärbericht** informiert über die Hauptergebnisse von PARTNER 5 Erwachsene zu Erfahrungen mit sexuellen Grenzverletzungen. Ein separater **Tabellenband** zur Erwachsenenstudie liefert die Gesamtübersicht zu allen befragten Aspekten. (Der Tabellenband kann beim Gesamtleiter der Studie Prof. Dr. Heinz-Jürgen Voß angefragt werden, E-Mail: heinz-juergen.voss@ hs-merseburg.de.)

PARTNER 5 steht in der Tradition komplexer sexuologischer Studien unter Jugendlichen, Studierenden und Berufstätigen, die 1972, 1980 und 1990 in der DDR durchgeführt wurden (PARTNER I, II und III). 2013 schloss sich daran die historische Vergleichsstudie PARTNER 4 unter ostdeutschen Jugendlichen an (Weller 2013a,b).

PARTNER 5 greift einige Themen und Fragestellungen früherer Studien auf, was punktuell historische Vergleiche ermöglicht. Allerdings haben Fragen zur sexualisierten Gewalt in den früheren Studien nur eine geringe Rolle gespielt. Die bundesweit erhobene Stichprobe von PARTNER 5 Erwachsene ermöglicht aufgrund ihrer großen Altersstreuung Vergleiche zwischen verschiedenen Altersgruppen und ermöglicht so Hinweise auf historische Veränderungen. Im Rahmen einer differenzierten Ergebnisdarstellung von Bedingungen und Einflussfaktoren auf Erfahrungen mit sexualisierter Gewalt werden auch regionale Spezifika geprüft und – wo inhaltlich sinnvoll und statistisch möglich – dargestellt.

Der vorliegende Bericht zu PARTNER 5 Erwachsene geht folgenden Fragestellungen nach:

- Wie verbreitet sind Erfahrungen mit verschiedenen Formen sexueller Grenzverletzungen?
- Wie ist das Anzeigeverhalten bezogen auf lebensgeschichtlich markante sexuelle Übergriffserlebnisse, wovon hängt es ab und wie wird es retrospektiv eingeschätzt?
- Welche Bezüge zu kriminalpolizeilichen Hellfelddaten sind aus der Erhebung von Lebenszeitprävalenzen sexueller Gewalterfahrung und des Anzeigeverhaltens herstellbar?
- Wie wirken sich Anzeigeverhalten und weitere Bedingungen auf die Verarbeitung sexueller Grenzverletzungen aus?
- Welche Unterstützung erfahren Betroffene?

Als Primärbericht konzentriert sich die vorliegende Darstellung auf ausgewählte Ergebnisse zum Themenfeld sexualisierte Gewalt. Die Befunde werden unter der Prämisse einer intersektionalen[1] Betrachtung dargestellt. So ist zu erwarten, dass die Ergebnisse z.B. entlang geschlechtlicher, sozialer und ökonomischer Faktoren differieren. PARTNER 5 dokumentiert ebenfalls sexuelle Entwicklungen und Gewalterfahrungen von Menschen mit zur hegemonialen Geschlechterdichotomie alternativen Geschlechtsidentitäten.

---

1   Intersektionalität ist eine Grundhaltung, welche hilft, Mehrfachdiskriminierung konzeptuell und systemkritisch zu durchdenken. Diskriminierungsformen, die in sich übergehen und sich gegenseitig beeinflussen, können z.B. durch Klasse, Ethnizität, Religion, Gender, Sexualität, Ableism bedingt sein. Diese Kategorien sind nicht als statisch oder additiv, sondern fluide und sich durchdringend zu verstehen (Crenshaw 1989, Coster/Wolter/Yılmaz-Günay 2014).

2. *Methodik und Stichprobe der Studie*

2.1 Erhebungsinstrument und Durchführung

PARTNER 5 Erwachsene ist eine internetbasierte Befragung erwachsener in Deutschland lebender Personen. Der Fragebogen umfasst 246 Einzelfragestellungen (Online-Offerte und Offline-Variante des Fragebogens in den Anlagen 7.1 und 7.2). Rund 100 Fragen betreffen das Hauptthema der Studie, die Erfahrungen mit sexueller Belästigung und sexueller Gewalt (zur inhaltlichen Gliederung der Indikatoren siehe Anlage 7.3). Personen ohne partnerschaftliche und/oder sexuelle Erfahrungen hatten minimal 121 Fragen zu beantworten. Die durchschnittliche Bearbeitungsdauer betrug 31 Minuten.

Der Fragebogen konnte vom 24. Juni bis zum 13. Oktober 2020 beantwortet werden. Er wurde auf verschiedenen Online-Plattformen beworben, aber auch in der regionalen Presse. Etwa ein Drittel der Teilnehmer*innen wurde durch Freunde/ Bekannte online wie offline auf die Studie aufmerksam gemacht (das sog. „Schneeballprinzip"), etwa die Hälfte wurde über Datingplattformen und Internetforen gewonnen, die restlichen ca. 20% über Internetportale von Institutionen (v.a. Hochschulen).

Im gesamten Studienverlauf kam forschungsethischen Gesichtspunkten ein besonderer Stellenwert zu. Das Forschungsteam ist sich der speziellen Schutzwürdigkeit der persönlichen Grenzen und des respektvollen Umgangs mit dem Vertrauen der Befragten bewusst. In diesem Sinne wurden besondere Vorkehrungen getroffen (Triggerwarnung, Verweis auf Hilfsangebote, siehe Anlage 7.2)

2.2 Stichprobe

An der Studie beteiligten sich insgesamt 4060 Personen. Der Fragebogen wurde von 2784 Personen vollständig ausgefüllt. Da insbesondere die Fragestellungen zu sexueller Gewalt konsequent geschlechtsspezifisch ausgewertet werden und die breite Altersstreuung der Stichprobe eine differenzierte Betrachtung der Altersgruppen nahelegt, wurden nur die

Antworter*innen, die sowohl Geschlecht als auch Alter angegeben haben in der Auswertung berücksichtigt. Wenige Antworter*innen im Alter unter 18 Jahren wurden gestrichen. Die gültige Stichprobe umfasst 3466 Personen im Alter zwischen 18 und 84 Jahren. Der Altersdurchschnitt beträgt 38,5 Jahre. Die befragten Frauen sind im Durchschnitt um rund sieben Jahre jünger als die Männer, die Personen mit diverser Geschlechtsidentität um 10 Jahre. Das legt nahe, geschlechtsbezogene Vergleiche i.d.R. nur zwischen altershomogenen Gruppen zu ziehen (im separat vorgelegten Tabellenband sind die Grundergebnisse zu allen Fragestellungen nach Geschlecht und Alter ausgewiesen).

55 % der Befragten geben ihr Geschlecht mit weiblich an, 41 % mit männlich, 4 % mit divers bzw. anders (Absolutzahlen vgl. Tab. 2.2.1)

Tab. 2.2.1.: Stichprobe nach Geschlecht und Alter

Geschlecht	(n)	Altersgruppe					XQ
		18-24	25-30	31-40	41-50	50+	Jahre
weiblich	(1892)	15	25	31	15	14	35,6
männlich	(1433)	6	13	26	25	30	42,9
divers	(141)	21	31	28	13	7	32,4
gesamt	(3466)	12	20	29	19	7	38,5

Obgleich die Studie vom Auftraggeber als regionale Erhebung intendiert war (Sachsen-Anhalt, Sachsen und Thüringen), ist sie als Online-Studie bundesweit zur Kenntnis genommen worden. Die Stichprobe rekrutiert sich (aufgrund der verstärkten regionalen Akquise) vor allem aus Sachsen-Anhalt und Sachsen, aber auch aus allen anderen Bundesländern (Tab. 2.2.2). 53 % der Teilnehmer*innen wohnt in den alten Bundesländern, 38% in den neuen, 9% in Berlin.

Tab. 2.2.2: Stichprobe nach Bundesländern

	(n-k.A.)	nach Geschlecht in %		
		weiblich	männlich	divers
Baden-Württemberg	(255)	51	47	2
Bayern	(285)	45	52	3
Berlin	(319)	64	26	10
Brandenburg	(97)	50	59	1

	(n-k.A.)			
Bremen	(23)	52	44	4
Hamburg	(61)	54	36	10
Hessen	(184)	58	39	3
Mecklenburg-Vorpommern	(49)	55	37	8
Niedersachsen	(326)	43	51	6
Nordrhein-Westfalen	(500)	47	49	4
Rheinland-Pfalz	(79)	38	62	0
Saarland	(15)	40	60	0
Sachsen	(581)	69	26	5
Sachsen-Anhalt	(502)	58	40	2
Schleswig-Holstein	(91)	46	51	3
Thüringen	(82)	58	40	2
Gesamt	(3449)	54	41	4
Neue Bundesländer (o. Berlin)	1311	62	34	4
Alte Bundesländer (o. Berlin)	1819	47	49	4

Die Teilnehmer*innen an PARTNER 5 Erwachsene sind überdurchschnittlich gebildet. 69 % haben Abitur (in der Gesamtbevölkerung ca. 32 %). Zudem überwiegen in der Gruppe mit geringerer Schulbildung die Männer, in der Gruppe der Abiturient*innen die Frauen. Gesamtbefunde, die in Abhängigkeit von der Bildung variieren (z.B. die Sensibilität gegenüber sexueller Belästigung – siehe 3.1.) sind folglich zu relativieren bzw. differenziert in Abhängigkeit von der Bildung und dem Geschlecht darzustellen.

Tab. 2.2.3.: Bildungsgruppen nach Geschlecht

	(n-k.A.)	nach Geschlecht in %		
		weiblich	**männlich**	**divers**
Geringer: Bis 9. Klasse	(239)	25	72	3
Mittel: 10./ 11. Klasse	(814)	43	56	1
Hoch: 12./13. Klasse	(2378)	55	41	4

Die große Mehrheit der Befragten (68 %) ist berufstätig, 20 % studieren oder befinden sich in beruflicher Qualifikation, 4 % sind derzeit erwerbslos.

Die Teilnehmer*innen der Studie wohnen zu 53 % und damit überdurchschnittlich häufig in Großstädten (Bundesdurchschnitt 7 %), allerdings mit 15 % auch überdurchschnittlich häufig in dörflicher Umgebung (unter 2.000 Einwohnern; Bundesdurchschnitt 5,4 %).

Tab. 2.2.4.: Regionale Herkunft/ Wohnortgröße nach Geschlecht

	(n-k.A.)	nach Geschlecht in %		
		weiblich	männlich	divers
Dorf	(503)	44	55	1
Kleinstadt	(511)	43	56	1
Mittelstadt	(562)	54	43	3
Großstadt	(1778)	55	41	4

Ganz unterrepräsentiert sind im Ausland aufgewachsene Personen mit einem Anteil von 3 % (n= 91), ebenso wie Angehörige nichtchristlicher Religionen (0,5 %).

Insgesamt ist festzustellen:
Die vorliegende Stichprobe ist in mehrfacher Hinsicht kein repräsentatives Abbild der Bevölkerung. Das wird bei der Darstellung von Gesamt-Befunden konsequent berücksichtigt. Insbesondere betrifft das Geschlechts-, Alters- und Bildungsunterschiede. Die Stichprobe ist jedoch ausreichend groß, um relevante Differenzierungen von Teilgruppen abzubilden. Während angenommen werden kann, dass die Studienteilnahme mit einem besonderen Interesse am Thema Sexualität und Partnerschaft generell, sowie sexueller Gewalt im Besonderen einhergeht (was z.B. zu einer Überschätzung der sexualisierten Gewalterfahrung in der Gesamtbevölkerung führen könnte), so erfolgte doch andererseits die Stichprobenrekrutierung sehr vielfältig und insofern handelt es sich trotz der benannten Besonderheiten um eine Zufallsstichprobe. Der Nachteil von Onlinebefragungen generell und auch der vorliegenden Studie ist, dass sie selbstselektierende Stichproben produzieren. Ein großer Vorteil ist allerdings, dass die Wahrscheinlichkeit hoch ist, bei sensiblen Fragen (zu sexueller Gewalt oder Partnerschaftsgewalt etc.) ehrliche Antworten und realistische Ergebnisse zu bekommen.

Im vorliegenden Bericht liegt der Fokus der Darstellung auf den Ergebnissen der Studie selbst. Historische Vergleiche hinsichtlich einzelner Fragestellungen zu den Studien PARTNER III 1990 unter Berufstätigen bzw.
Studierenden oder zur ostdeutschen Jugendstudie Partner 4 aus dem Jahr
2013 werden nur an wenigen Stellen auf Basis homogenisierter Stichproben vorgenommen.

3. Ergebnisse Teil 1: Erfahrungen mit verschiedenen sexuellen Grenzverletzungen

Im vorliegenden Bericht wird auf verschiedene Formen sexueller Grenzverletzungen eingegangen. Synonym verwendete allgemeine Begrifflichkeiten sind: Erfahrungen mit sexuellen Übergriffen und sexuelle bzw. sexualisierte Gewalterfahrungen. Die Verwendung des Attributs „sexualisiert" soll darauf verweisen, dass es sich bei Akten sexueller Gewalt häufig um sexualisierten Machtmissbrauch handelt, bei dem Täter*innen ihre Macht- und Autoritätsposition ausnutzen, um eigene Bedürfnisse auf Kosten der Betroffenen zu befriedigen.

In Abhängigkeit von der Differenziertheit der in der Untersuchung gestellten Fragen wird sprachlich präzisiert und genauer definiert, welche Formen von Übergriffserlebnissen jeweils gemeint sind. Wenngleich an vielen Stellen des Berichts versucht wird, sexualisierte Übergriffserlebnisse (z.B. in Bezug auf strafrechtliche Definitionen und Schutzaltersgrenzen hin) zu objektivieren, so bleibt doch das subjektive Erleben Hauptkriterium der Untersuchung.

3.1 Sexuelle Belästigung

„Sexuelle Belästigung reicht von weniger schwerwiegenden Formen wie Anstarren, anzüglichen Bemerkungen oder Belästigungen per Telefon oder im Internet über unerwünschte sexualisierte Berührungen, sexuelle Bedrängnis bis hin zu sexualisierten körperlichen Übergriffen. Je nach Form, Kontext und Ausmaß können sexuelle Belästigungen strafbare Handlungen sein, zum Beispiel Beleidigung, sexuelle Nötigung oder Nachstellung." (BMFSFJ 2020, o.S.)[2]

Seit 2020 ist sexuelle Belästigung nach § 184i StGB ein Straftatbestand, insbesondere dann, wenn er mit körperlichen Übergriffen einhergeht oder/ und gemeinschaftlich begangen wird. Insofern wird auch sexuelle

---

2   BMFSFJ (2020) Sexuelle Belästigung.(https://www.bmfsfj.de/bmfsfj/themen/gleichstellung/frauen-vor-gewalt-schuetzen/sexuelle-belaestigung (Zugriff 20.11.2020).

Belästigung künftig als strafrechtlich relevantes Dunkelfeld zu erforschen sein. Die vorliegende Studie erfasst Erfahrungen mit sexueller Belästigung in all ihrer Vielfalt, aber nicht zeitlich begrenzt sondern lebenszeitlich retrospektiv (Lebenszeitprävalenz), insofern ohne die Intention einer präzisen Dunkelfeldabschätzung.

Den folgenden Ergebnissen zu Erfahrungen mit sexueller Belästigung liegt eine breit gefasste Definition zugrunde, die neben den juristisch fixierten konkreten Handlungen konkreter Personen auch strukturelle Aspekte des alltäglichen Lebens erfasst (z.B. sexualisierte Werbung und das dadurch ausgelöste Belästigungsempfinden), und die davon ausgeht, dass subjektives Belästigungserleben einerseits von konkreten Erfahrungen, andererseits von individuellen Wertungen und Eindrücken und darüber hinaus von gesellschaftlichen Normsetzungen und Geschlechterstereotypen abhängt. Insgesamt wurde nach 12 vorgegebenen Formen in geschlossenen Fragen sowie nach weiteren Formen in einer offenen Frage gefragt.

In Tab. 3.1.1. sind die verschiedenen Formen erlebter sexueller Belästigung in der Rangfolge ihrer Häufigkeiten differenziert nach Geschlecht dargestellt.

Tab. 3.1.1.: Erlebte sexuelle Belästigung nach Geschlecht (vgl. Tabellenband S. 126 - 139)

% „ja" (AP 1+2) (n-k.A.)	weiblich (1683)	männlich (1197)	divers (115)	gesamt (2995)
Summenscore (Belästigung durch mindestens eine Form erlebt)	97	55	95	79
durch Worte (z. B. anzügliche Bemerkungen, Witze, Kommentare)	89	29	88	65
durch unerwünschte, unnötige körperliche Berührungen	86	34	90	65
durch Voyeuristen („beglotzt" werden, z. B. in der Sauna)	60	15	58	42
durch sexualisierte Werbung	52	12	71	37
durch ungewollte Konfrontation mit Bildern/ Videos sexuellen Inhaltes (z. B. Pornoclips)	47	13	54	34
durch Nachrichten über Messenger-Dienste (z. B. WhatsApp, Telegram, Facebook, Messenger)	45	13	49	32

	AP 1	AP 2	AP 3	
durch Exhibitionisten (zur Schau stellen der eigenen Geschlechtsteile gegenüber anderen, die dem unfreiwillig ausgesetzt sind)	44	10	42	30
durch Musik (z. B. sexistischen Rap)	40	10	54	29
durch Stalking (Belästigung durch unerwünschte Liebesbezeugungen, Geschenke u. a.)	34	11	36	25
durch sexistische/pornografische Schmierereien (z. B. Schule, Arbeitsplatz, Öffentlichkeit)	39	10	57	28
durch etwas anderes	26	7	45	19
durch sexualisierte Online-Spiele	15	4	35	11
durch Gemälde im Museum	6	1	17	4

Fragetext: Haben Sie sich schon einmal sexuell belästigt gefühlt? Antwortpositionen (AP): 1 = Ja mehrmals 2 = ja, einmal; 3 = nein.

Geschlechtsspezifik

Sexuelle Belästigungserfahrung betrifft nicht nur Frauen und geht auch nicht nur von Männern aus, aber so gut wie alle befragten Frauen (97 %) – ebenso wie nahezu alle befragten Diversen (95 %) - haben schon Belästigungen erlebt bzw. sich belästigt gefühlt, im Gegensatz dazu „nur" etwa die Hälfte (54 %) der befragten Männer (Summenscore in der ersten Zeile der Tabelle 3.1.1.). Diese Geschlechterdifferenz betrifft alle Belästigungsformen, sie spiegelt strukturelle gesellschaftliche Macht-, Abhängigkeits-, Gewaltverhältnisse. Hierzu zwei charakteristische Kommentare:

„Ich weiß nicht, was als sexuelle Belästigung zählt. Das überfordert mich gerade beim Beantworten der Fragen. Wäre schön, wenn man das Kindern beibringen könnte. Wenn sexistische Werbung, die mich stört und mich daran erinnert, dass ich eine Frau bin und was Frausein bedeutet, Belästigung ist, werde ich andauernd belästigt. Auch in Fernsehshows (Unterhaltung), wenn Männer in der Überzahl sind und ihre eigenen Persönlichkeiten zeigen und Frauen, wenn sie vorkommen, vor allem Deko sind. Usw..." (3217, w, 26 Jahre)

„Ich weiß nicht ob es direkt sexuelle Belästigung ist: Ich fühle mich dadurch belästigt und diskriminiert, dass ein selbstbestimmtes, sexuelles Verhalten bei Frauen noch immer als 'nuttig' wahrgenommen wird und zu sozialer Ausgrenzung führt. Dasselbe Verhalten wird bei Männern als männlich wahrgenommen und führt zu sozialer Anerkennung. Durch dieses soziale Muster fühle ich mich belästigt und diskriminiert." (3246, w, 53 Jahre)

Generationenspezifik

Nur die Erfahrung mit exhibitionistischen Belästigungen nimmt mit dem Lebensalter zu (Frauen bis 24 Jahre berichten zu 33 % einschlägige Erlebnisse, Frauen über 50 Jahre zu 50 % - siehe Tab. 3.1.2.). Bei der Mehrheit der Belästigungsformen berichten die Jüngeren über häufigere Erlebnisse. So haben Frauen bis 24 zu 97 % verbale Belästigung erlebt, Frauen über 50 zu 77 %. Das verweist auf die historisch angewachsene Sensibilität gegenüber sexuellen Grenzverletzungen, die in den jüngeren Generationen stärker ausgeprägt ist. Bei den Männern ist die Altersdifferenzierung noch größer als bei den Frauen. Einen starken Einfluss auf diese Sensibilität hat auch die Bildung: Frauen mit geringer Schulbildung haben zu 61 % verbale Belästigung erlebt, Frauen mit hoher Bildung zu 93 % (differenziert dazu im Tabellenband S. 126-139).

Tab. 3.1.2: Erlebte sexuelle Belästigung nach Alter und Geschlecht

% „ja" (n-k.A.)	weiblich		männlich	
	bis 24 (249)	über 50 (230)	bis 24 (54)	über 50 (369)
Summenscore (Belästigung durch mindestens eine Form erlebt)	99	93	74	45
durch Worte (z. B. anzügliche Bemerkungen, Witze, Kommentare)	97	77	46	18
durch unerwünschte, unnötige körperliche Berührungen	88	76	48	23
durch Voyeuristen („beglotzt" werden, z. B. in der Sauna)	67	45	6	17
durch sexualisierte Werbung	61	38	25	7

durch ungewollte Konfrontation mit Bildern/ Videos sexuellen Inhaltes (z. B. Pornoclips)	53	38	24	10
durch Nachrichten über Messenger-Dienste (z. B. WhatsApp, Telegram, Facebook, Messenger)	60	29	24	11
durch Exhibitionisten (zur Schau stellen der eigenen Geschlechtsteile gegenüber anderen, die dem unfreiwillig ausgesetzt sind)	33	50	14	9
durch Musik (z. B. sexistischen Rap)	54	19	19	7
durch Stalking (Belästigung durch unerwünschte Liebesbezeugungen, Geschenke u. a.)	32	30	8	10
durch sexistische/pornografische Schmierereien (z. B. Schule, Arbeitsplatz, Öffentlichkeit)	40	35	19	9
durch etwas anderes	32	23	13	4
durch sexualisierte Online-Spiele	23	4	16	3
durch Gemälde im Museum	7	3	2	1

Lebensbedingungen und Alltagsgestaltung

Der Befund, wonach Jüngere häufiger Belästigungserfahrungen durch internetbasierte Kommunikation oder durch Musik bekunden, ist nicht durch höhere Sensibilität zu erklären, sondern durch häufigere Nutzung entsprechender Medien, die auch die Wahrscheinlichkeit/ das Risiko von Belästigung erhöht. Der Einfluss der konkreten Lebensbedingungen auf das Erleben von Belästigung wird auch belegt durch die differenzierte Betrachtung der jeweiligen Erfahrungen in Abhängigkeit von der Wohnortgröße: In dörflichem Umfeld lebende Frauen haben zu 78 % verbale Belästigung erlebt in Großstädten lebende zu 93 %, die Erfahrung mit exhibitionistischen Handlungen differiert zwischen 33 % und 49 % (siehe Tab. 3.1.3.)

Tab. 3.1.3.: Erlebte sexuelle Belästigung nach Wohnortgröße

% „ja" (n-k.A.)	weiblich		männlich	
	Dorf (222)	**Großstadt (1108)**	**Dorf (274)**	**Großstadt (562)**
Summenscore (Belästigung durch mindestens eine Form erlebt)	91	98	45	62
durch Worte (z. B. anzügliche Bemerkungen, Witze, Kommentare)	78	93	20	38
durch unerwünschte, unnötige körperliche Berührungen	76	90	22	35
durch Voyeuristen („beglotzt" werden, z. B. in der Sauna)	39	67	14	17
durch sexualisierte Werbung	26	65	6	16
durch ungewollte Konfrontation mit Bildern/ Videos sexuellen Inhaltes (z. B. Pornoclips)	34	52	9	14
durch Nachrichten über Messenger-Dienste (z. B. WhatsApp, Telegram, Facebook, Messenger)	44	44	12	14
durch Exhibitionisten (zur Schau stellen der eigenen Geschlechtsteile gegenüber anderen, die dem unfreiwillig ausgesetzt sind)	33	49	7	13
durch Musik (z. B. sexistischen Rap)	20	50	5	14
durch Stalking (Belästigung durch unerwünschte Liebesbezeugungen, Geschenke u. a.)	32	35	14	11
durch sexistische/pornografische Schmierereien (z. B. Schule, Arbeitsplatz, Öffentlichkeit)	22	47	5	13
durch etwas anderes	22	29	5	7
durch sexualisierte Online-Spiele	5	19	4	4
durch Gemälde im Museum	2	7	0	1

Qualitative Kommentare

Mit den Fragen zu 12 vorgegebenen Formen sexueller Belästigung wird im Fragebogen der Studie PARTNER 5 Erwachsene die Hauptthematik (Erfassung sexueller Übergriffe und Gewalterfahrungen) eingeleitet. Da die Befragten nicht wussten, was an späterer Stelle noch erfragt wird, haben viele von Ihnen die am Schluss der Fragebatterie platzierte offene Frage „Sie fühlten sich durch etwas anderes belästigt, durch was?" sehr ausführlich beantwortet und dort nicht nur weitere Belästigungserlebnisse angeführt, sondern auch sexuelle Gewalterfahrungen, die über Belästigung hinausgehen; vielfach wurden auch die geschlossen abgefragten Belästigungsformen konkretisiert und verallgemeinernd kommentiert oder in den Kontext zu anderen Übergriffserlebnissen gesetzt.

Im Folgenden einige Auszüge aus den insgesamt 433 Aussagen:

Verallgemeinerungen

„Dominanzgesten von Männern. Z.B. nicht aus dem Weg gehen, anrempeln" (1120, w, 36 Jahre)

Dumme Anmache mir gegenüber aber auch wenn man (meistens) Frauen sexistisch beleidigt, wenn man wen auch immer gegen dessen Willen als Lustobjekt "anmacht". Sex sollte eine rein einvernehmliche Angelegenheit sein. Zwang in jeglicher Form belästigt mich - egal, von wem der Zwang ausgeht.(3917, m, 60 Jahre)

„durch anhaltende sexistische Gespräche unter männlichen Familienangehörigen (insbesondere meine Generation, Brüder), auch wenn diese niemals auf meine Person bezogen waren..." (437, w, 39 Jahre)

„Dass Frauen nach wie vor durch das Patriarchat unterdrückt werden!" (1004, w, 48 Jahre)

„Aufdrängen beim Tanzen im Club, unausweichlicher "Male-Gaze" an verschiedenen Orten (aufdringlicher Blick, manchmal um Kontakt aufzunehmen) z.B. beim Einkaufen oder Tanzen gehen" (3111, w, 23 Jahre)

„Objektifizierende Kameraführung in Shows und Serien ("straight male gaze")" (1188, w, 25 Jahre)

„wenn mich jemand süße nennt“ (3285, w, 29 Jahre)

„Undifferenziert Verschriftlichtes in Printmedien, welches überalterte Rollenklischees zementiert und unsensibel 'althergebrachtes' weiterträgt. Abstumpfung durch "das ham'wer schon immer so gemacht!"" (3954, w, 41 Jahre)

„Sexualisierte Witze/Bemerkungen/Andeutungen/Blicke in der Schule/am Arbeitsplatz, in öffentlichen Verkehrsmitteln, auf der Straße“ (1517, w, 53 Jahre)

Exhibitionistische Erfahrungen

„Ein mir nicht bekannter Mann, der ohne Hose mit Erektion im Shirt vor meiner Hoteltür im Urlaub stand und klopfte, er meinte ich solle mit ihm schlafen. . .“ ich war 22 Jahre alt (3179, w, 37 Jahre)

„Erst kürzlich am See musste ein nackter Mann unbedingt sehr nah hinter der Decke meiner Freundin und mir Steine aufsammeln. Beim Bücken streckte er uns seinen nackten Po entgegen. Wir wiesen ihn darauf hin, dass er den Abstand wahren soll (auch wegen Corona), aber er machte weiter und beteuerte sein Recht darauf.“ (142, w, 30 Jahre)

„Onanieren in der Öffentlichkeit (Autobahnparkplatz), Onanieren im Wohnzimmer beim Fernsehen (Stiefvater, als ich Kind war)“ (2980, w, 37 Jahre)

Voyeristische Erfahrungen

„Im Urlaub am Strand sind wir als (Frauen-)Paar einmal ohne unser Wissen von einem Fremden beobachtet worden, der dazu in den Büschen hinter uns onanierte. Ein anderer (männlicher) Strandbesucher hat uns darauf aufmerksam gemacht. Der Strandbesucher hat uns auch von dem Ort weg begleitet, er wollte aber keine Anzeige gegen den Fremden erstatten oder als Zeuge dienen, obwohl wir ihn darum baten. Die Solidarität reichte also nur so weit, was fast noch unangenehmer für mich war, als der Vorfall selbst." (482, w, 24 Jahre)

Internet

Eine charakteristische Äußerung zu Belästigungen im Internet ist die folgende: „Durch unerwünschtes Empfangen von "Dickpicks" und Videos von Masturbation" (984, w, 35 Jahre)

Berufliche Kontexte

Viele Hinweise betrafen Belästigungen im beruflichen Kontext:

„Durch Jobangebote, die keine waren, sondern auf Sex abzielten und "starben", als ich sagte, dass ich keinen Sex mit dem "Arbeitgeber" möchte (und auch nicht von ihm angebaggert werden will)" (536, w, 28 Jahre)

„Distanzlose und aufdringliche Eigenschaften sind vor allem bei Männern "höheren" Ranges oder höheren Bildungsgrades in Arbeitskontexten zu erleben." (2900, w, 28 Jahre)

„anzügliche Sprüche von Fahrgästen als ich selbst Taxifahrerin war" (1399, w, 36 Jahre)

„Verbale und körperliche Provokationen durch früheren Chef." (3007, w, 34 Jahre)

„Mein Chef rief mich ins Büro und zeigte mir Porno auf seinem Rechner." (643, w, 40 Jahre)

„Im Arbeitsbereich, als Teenie. Ich kellnerte in einem Restaurant und der Chef war äußerst unangenehm sexuell (Anspielungen, Gesten, usw.)" (4079, w, 32 Jahre)

Männliche Machtdemonstrationen/ Nötigungen gegenüber Frauen

„wurde beim Joggen von einem fremden stöhnenden Mann mit dem Fahrrad verfolgt - wurde zusammen mit einer Freundin auf dem Heimweg auf dem Fahrrad von mehreren Männern auf Fahrrädern umzingelt und unter versuchter "Kontaktaufnahme" ein Stück "begleitet"" (1153, d, 24 Jahre)

„(sexuell) bedrohliches Verhalten von Männergruppen in öffentlichen Verkehrsmitteln" (1304, w, 38 Jahre)

„Demonstration körperlicher Überlegenheit/ Präsenz durch Männer ohne Anfassen (z.B. besonders nah an mir vorbeigehen obwohl die Straße breit genug wäre um Abstand zu halten, besonders nahe kommen an der Schlange im Supermarkt o.Ä, etc.) -verfolgt werden" (3456, w, 30 Jahre)

„Wurde von vorbeifahrenden Autos angehupt oder sie fuhren langsamer an mir vorbei und riefen einen Anmach-Spruch.   Extrem, welches ich auch angezeigt habe bei der Polizei: Ich wurde auf der Autobahn von zwei Männern immer wieder ausgebremst. von 120km/h auf ca. 70 Km/h und immer wenn ich versuchte sie zu überholen und abzuhängen folgten sie mir, überholten und bremsten mich wieder aus. Beim Überholen machte der Beifahrer bei offenem fester eine "wedelnde Handbewegung". Leider war die Anzeige ohne Erfolg. Die beiden jungen Fahrer waren nicht die Halter des PKWs und die Anzeige wurde eingestellt." (3411, w, 23 Jahre)

„Wenn mich fremde Männer verfolgen oder auf der Straße mit einem Anmachspruch ansprechen. Das ist zwar nicht sexuell per se aber SEHR unangenehm." (959, w, 21 Jahre)

„Während ich auf einem Autobahnparkplatz bei einer Autopanne (leere Batterie) auf den Pannendienst wartete, hat ein Mann versucht, in mein Auto einzudringen. Ich konnte ihn mit lautem Schreien vertreiben." (873, w, 44 Jahre)

„in ein öffentliches Klo von zwei fremden Männern verfolgt und festgehalten werden - (aber ich konnte mich dann losreißen und wegrennen)"
(2737, w, 49 Jahre)

„Im Straßenverkehr/beim Fahrrad fahren: Angehupt werden, Cat Calling
aus dem Auto etc." (130, d, 28 Jahre)

Catcalling (Belästigung durch Hinterherpfeifen durch Fremde im öffentlichen Raum) als spezielle Form nichtkörperlicher Übergriffe (oft im Kontext mit verbaler Anmache) wurde häufig genannt.

Nichtakzeptanz von STOP und NEIN

„Von mir unbekannten Männern angesprochen und vollgeredet werden
und auch nach der Äußerung, dass ich kein Gespräch führen will, weiter
vollgeredet werden Männer, die sich sehr nah an mich setzen in der Öffentlichkeit" (172, w, 27 Jahre)

„Weigerung, den Raum zu verlassen, damit ich mich umziehen kann" (269,
w, 25 Jahre)

„Ungewolltes Anquatschen, Auffordern zum herausrücken der Telefon-
nummer, nicht locker lassen bei Gesprächen zu persönlichen, die Sexualität betreffenden Themen" (2533, w, 28 Jahre)

Intersektionale Belästigungsrisiken: Trans*, Behinderung

„Als Trans*-Frau ist sexuelle Belästigung für mich alltäglich und allgegen-
wärtig." (827, w, 21 Jahre)

„teilweise wurde nicht erkannt, ob ich man oder frau bin: fremde in der
u-bahn, die auf mein äußeres reagierten. Erzieherinnen im heim, die sich
witzig darüber machten, ärzte im OP, die mich noch in der narkose wähn-
ten und über mein äußeres sprachen..." (763, d, 44 Jahre)

„Sexualisierte misogyne Kommentare, die auf mich abzielten speziell als trans Mann (bevor ich als Mann gelesen wurde), z.B. "Dann bist du ja halb Frau" etc" (1182, m, 26 Jahre)

„Ich sitze im Rollstuhl, mein erstes Mal war eine Vergewaltigung und ich wurde schon mehrfach betatscht beim Ausgehen und einmal wurde mein Rollstuhl festgehalten, während zwei andere mich betatscht und dabei gelacht haben. Das ging so weit, das ich aus dem Rollstuhl viel. Dann kamen andere Mitmenschen und haben geholfen!" (909, w, 19 Jahre)

Erlebnisse von Männern

„Durch nen alten ekelhaften Sack der mir ans Kabel wollte mit 8Jahren im Schwimmbad und einmal wollte mir eine Dicke Freundin im Koma den Samen klauen und mich ungefragte Weise beim schlafen bestiegen hat was ich so als Vergewaltigung sehe" (2396, m, 39 Jahre)

„Durch massives Stalking, welches über ca. 1,5 Jahre von einer Frau mir gegenüber in Form von Nachrichten, Anrufen, und direktes Ansprechen und Auflauern ausgeübt wurde." (1606, m, 43 Jahre)

„durch die Tochter vom Chef" (1086, m, 44Jahre)

„Mitsportlerin hat mich in Dusche in Sporthalle "aufgelauert" und wollte mich und meinen Sportskumpel massieren." ((3936, m, 43 Jahre)
„Ärztin" (1716, m, 43)
„sexueller Akt im Zuge einer therapeutischen Beziehung" (165, m, 56 Jahre)

3.2 Sexuelle Übergriffe in verschiedenen Bereichen

In der vorliegenden Studie werden die Erfahrungen mit sexuellen Übergriffen/ sexuellen Gewalterfahrungen zum Teil wiederholend erfragt, die jeweiligen Fragenkomplexe folgen unterschiedlichen Systematiken, erschließen die Thematik sukzessive von den (vermeintlich) leichteren Formen der Belästigung hin zu den (vermeintlich) schwerwiegenderen Formen erlebter sexueller Übergriffe. Während im Abschnitt 3.1. Belästigungsformen dargestellt wurden, geht es in diesem Abschnitt um gesellschaftliche Bereiche, in denen Übergriffe erfolgen, wenn man so will, um verschiedene „Tatorte". Da es um Erfahrungen ganz unterschiedlicher Art geht, die z.T. über Belästigungen weit hinausgehen, wird v.a. der allgemeine Begriff des „sexuellen Übergriffs" verwendet. Erfragt wurden lebenszeitbezogene Erfahrungen, die sich bestimmten Lebensphasen zuordnen (Schulzeit, Herkunftsfamilie, Studium, Beruf) bzw. die gesamte Lebensspanne betreffen (Freizeit/öffentlicher Raum, Internet). Das Ziel besteht darin, einen allgemeinen Überblick zu geben, in welchen gesellschaftlichen Bereichen sexuelle Belästigungen und andere Übergriffe erfolgen. Ein wesentlicher Bereich, der der Partnerschaft, wird aus der systematischen Betrachtung in diesem Abschnitt ausgeklammert (siehe Abschnitt 3.3.). Nur soviel: Die Häufigkeit sexueller Übergriffe im Rahmen einer Partnerschaft ist vergleichsweise selten, etwa auf dem Niveau erlebter Übergriffe in der Herkunftsfamilie. (Aussagen zur Häufigkeit von Erlebnissen sagen nichts über den Schweregrad und das Traumatisierungspotenzial dieser Erlebnisse aus – hierzu ausführlich im 2. Teil der Ergebnisse.)

Tab. 3.2.1. liefert einen ersten Überblick über die Relevanz der verschiedenen erfragten Bereiche anhand der Häufigkeiten, in denen Übergriffe erlebt wurden. Da Frauen durchweg häufiger betroffen sind, wurden ihre Antworten in Rangreihe der Häufigkeiten geordnet. Bei den Männern ist die Rangreihung auf wesentlich geringerem Niveau ähnlich. Das Erfahrungsprofil der Personen mit diverser Geschlechtsidentität gleicht denen der Frauen weitgehend.

Tab. 3.2.1.: Erfahrung mit sexuellen Übergriffen in verschiedenen Bereichen
(vgl. Tabellenband S. 140-169)

% erlebt (n-k.A.)	weiblich (1618)	männlich (1164)	divers (110)	gesamt (2892)
Freizeit/Öffentlichkeit	78	26	81	57
Internet	47	14	46	34
Schule	46	15	56	34
Ausbildung/Studium/Beruf	40	13	43	29
Herkunftsfamilie	21	4	26	14
Erlebnisse in mindestens einem der Bereiche (Summenscore)	90	43	92	70
(n-k.A.) betr. nur Partnerschafts-erfahrene	(969)	(682)	(62)	(1732)
Partnerschaft – sexuelle Gewalt erfahren*	27	6	41	18

*) Frage 63c, bezogen auf eine frühere Partnerschaft (Tabellenband S. 177)

Es liegt auf der Hand, dass die verschiedenen Bereiche biografisch unterschiedlich bedeutsam sind, z.B. die jüngeren Erwachsenen ihre Schulzeit unmittelbarer erinnern als die Älteren, letztere eine längere Zeit im Berufsleben verbracht haben usw. Insofern bedürfen ermittelte Erfahrungsunterschiede einer mehrdimensionalen Interpretation. Die in Tab. 3.2.2. dargestellten Erfahrungsunterschiede der jungen Frauen bis 24 Jahre und der älteren über 50 Jahre belegen die schon in Bezug auf die Belästigungsformen ermittelte stärkere Sensibilität der Jüngeren. Wenn aber nicht nur im Internet sondern auch in der Schule jeweils bei den Jüngeren eine doppelt so hohe Häufigkeit von Übergriffserfahrungen vorliegt, legt das die Vermutung nahe, dass das sexualisierte Gewaltpotenzial an den Schulen historisch angewachsen sein könnte. Ein weiterer markanter Befund im Altersvergleich (der der „Sensibilisierung-Hypothese" widerspricht) besteht darin, dass die älteren Frauen doppelt so häufig wie die jüngeren Übergriffe aus ihren Herkunftsfamilien berichten (29 % vs. 15 %). Das legt die Vermutung nahe, dass das familiäre Gewaltpotenzial historisch abgenommen hat. (Eine weitere Erklärungshypothese könnte sein, dass insbesondere familiäre Übergriffe erst mit einigem biografischen Abstand als solche bewertet werden.)

Tab. 3.2.2: Erfahrung mit sexuellen Übergriffen in verschiedenen Bereichen nach Alter und Geschlecht*

% „ja" (n-k.A.)	weiblich		männlich	
	bis 24 (248)	über 50 (233)	bis 24 (61)	über 50 (363)
Freizeit/Öffentlichkeit	88	60	51	14
Internet	61	30	23	13
Schule	58	32	31	12
Ausbildung/Studium/Beruf	33	32	11	9
Herkunftsfamilie	15	29	10	4
Erlebnisse in mindestens einem der Bereiche (Summenscore)	97	78	66	33

*Die Gruppe der Diversen wird nicht nach Alter differenziert, da hierbei das n zu gering würde.

Die häufigsten sexuellen Übergriffe erfolgen im Freizeitbereich (in der Öffentlichkeit, im Sportverein, in der Disco usw.) Über drei Viertel der befragten Frauen (78 %, divers 81 %) haben entsprechende Erfahrungen, unter den Männern sind es ein Viertel (26 %). Es überwiegen verbale Übergriffe gegenüber körperlichen. Sie werden v.a. von fremden Erwachsenen ausgeübt, deutlich seltener durch bekannte Erwachsene, am seltensten durch Autoritätspersonen (vgl. Tab. 3.2.3.). Auch Belästigungen durch Kinder oder Jugendliche spielen eine Rolle, aber weitgehend beschränkt auf die eigene Kindheits- bzw. Jugendphase und im Zusammenhang mit schulischer Erfahrung (s.u.).

Die Erfahrung mit sexuellen Übergriffen im Freizeitbereich differiert stark zwischen den verschiedenen Alters- und Bildungsgruppen: Frauen bis 24 Jahre geben zu 88 % Erfahrungen zu Protokoll, die über 50jährigen zu 60 %. Frauen mit geringerer Schulbildung haben zu 40 % Übergriffe erlebt, Frauen mit Abitur zu 85 % (männlich 11 % : 32 %, vgl. Tabellenband, S. 150).

Tab. 3.2.3.: Sexuelle Übergriffe in Freizeit

% erlebt (n-k.A.)	weiblich (1203)	männlich (273)	divers (81)	gesamt (1557)
dabei körperliche Gewalt erlebt	41	25	40	38
dabei verbale Gewalt erlebt	66	49	80	64
Belästigung durch Autoritätspersonen	28	19	36	27
Belästigung durch fremde Erwachsene	86	59	90	81
Belästigung durch bekannte Erwach- sene	49	31	48	46
Belästigung durch andere Kinder/ Jugendliche	40	29	46	39

46% der Frauen haben in der Schule (also retrospektiv in ihrer Schulzeit) sexuelle Übergriffe erlebt (divers: 56 %, männlich: 15 %). Die Erfahrungen differieren alters- und bildungsabhängig. Jüngere haben mehr erlebt als ältere (z.B. Frauen bis 24 Jahre zu 58 %, Frauen über 50Jahre zu 32 %, siehe Tab. 3.2.2.), die Hauptschulabgänger*innen seltener als die Abiturient*innen (weiblich 32 % : 48 %; männlich: 9 % : 17 %; Tabellenband S. 140), was die These der unterschiedlichen Sensibilität bekräftigt, da nicht davon ausgegangen werden kann, dass das Gewaltpotenzial an Hauptschulen geringer ist als an Gymnasien.

Auch in der Schule überwog die verbale Gewalt gegenüber der körperlichen und sie ging vor allem von Mitschüler*innen aus, deutlich seltener von Lehrer*innen (Tab. 3.2.4.).

Während es keine bildungsabhängige Differenzierung hinsichtlich der erlebten verbalen Gewalt gibt, ist sie hinsichtlich körperlicher Gewalt deutlich: Unter den gewalterfahrenen Frauen mit Bildungsabschluss bis 9. Klasse bekunden 77 % körperliche sexuelle Gewalt erlebt zu haben, unter denen bis 10. Klasse sind es 53 %, unter den Abiturientinnen 32 % (Tabellenband, S. 141). D.h., die Hauptschülerinnen (die ja vergleichsweise seltener Gewalterfahrung in der Schule bekunden) verstehen unter Gewalt v.a. körperliche, während die Abiturientinnen bereits verbale Attacken häufiger als übergriffig erleben.

Tab. 3.2.4.: Sexuelle Übergriffe in der Schule

% erlebt (n-k.A.)	weiblich (717)	männlich (173)	divers (61)	gesamt (951)
dabei körperliche Gewalt erlebt	36	45	39	38
dabei verbale Gewalt erlebt	66	73	77	68
Belästigung durch MitschülerInnen	76	60	87	74
Belästigung durch LehrerInnen	45	24	47	41

40 % der Frauen haben im beruflichen Umfeld (bei den jüngeren zählt hierzu auch Berufsschule oder Hochschule) sexuelle Übergriffe erlebt (divers: 43 %, männlich: 13 %). In diesem Bereich gibt es keine nennenswerten bzw. systematischen Alters- und Bildungsdifferenzierungen mit einer wesentlichen Ausnahme: Körperliche Gewalterfahrungen haben Frauen mit geringerer Schulbildung häufiger erlebt (bis 9. Klasse: 38 %, bis 10. Klasse: 30 %, bis 12. Klasse: 15 %). Die Übergriffe erfolgen zumeist von Kollegen, seltener durch Vorgesetzte (Tab. 3.2.5.). Übergriffe durch Letztere sind aber prägnanter und werden über die Altersgruppen hinweg mit weniger Definitionsspielraum wahrgenommen: während die jüngeren Frauen bis 24 Jahre lediglich zu 44 % von Vorgesetzten belästigt wurden, sind es unter den Frauen über 50 Jahre 66 % (Tabellenband, S. 149).

Tab. 3.2.5.: Sexuelle Übergriffe in Beruf/Ausbildung/Studium

% erlebt (n-k.A.)	weiblich (612)	männlich (150)	divers (46)	gesamt (808)
dabei körperliche Gewalt erlebt	18	19	15	18
dabei verbale Gewalt erlebt	48	55	76	50
Belästigung durch Kolleg-/Kommiliton*innen	68	64	71	67
Belästigung durch Vorgesetzte/Lehrende	51	26	52	47

Sexualisierte Übergriffe in Familien sind vergleichsweise selten, 21 % der befragten Frauen, 4 % der Männer und 26 % der Personen mit diverser Geschlechtsidentität berichten davon. Ältere Frauen erinnern häufiger Erlebnisse als jüngere (unter 24 Jahre: 15 %, über 50 Jahre: 29 %), bei den Männern existiert keine systematische Differenzierung. Ebenfalls nur bei den Frauen zeigt sich eine Bildungsabhängigkeit: Frauen mit geringerer

Schulbildung geben zu 30 % familiäre Gewalterfahrung an, Abiturientinnen zu 19 %.

Körperliche und verbale sexuelle Gewalt in der (Herkunfts-)Familie werden fast gleich häufig genannt (Tab. 3.2.6.). Die familiäre Gewalt wird ganz überwiegend durch Erwachsene ausgeübt. Die Daten der Studie lassen differenzierte Analysen zu den familiären Herkunftsbedingungen zu, die zu einem späteren Zeitpunkt und an anderer Stelle erfolgen. Ein Befund soll an dieser Stelle allerdings benannt werden, die drastisch geringere Erfahrung mit körperlicher Gewalt bei den Jüngeren gegenüber den Älteren (Frauen bis 24 sind zu 28 % Gewalt zu Hause geschlagen worden, Frauen über 50 zu 67 %, bei den Männern beträgt die Differenz 30 % : 70 %; Tabellenband, S. 71). Das verweist auf eine Pazifizierung der Herkunftsfamilie in den letzten Jahrzehnten.[3]

Tab. 3.2.6.: Sexuelle Übergriffe in der (Herkunfts-)Familie

% erlebt (n-k.A.)	weiblich (321)	männlich (47)	divers (26)	gesamt (394)
dabei körperliche Gewalt erlebt	40	38	39	40
dabei verbale Gewalt erlebt	46	47	58	47
Belästigung durch Erwachsene	87	60	89	84
Belästigung durch Geschwister	20	38	25	22

Das Internet gehört seit einigen Jahren zu den häufigsten „Tatorten". 47 % der befragten Frauen, 14 % der Männer und 46 % der Menschen mit anderer Geschlechtsidentität berichten von Übergriffen. In den medienaffineren jüngeren Altersgruppen sind es deutlich mehr als in den älteren: Die Frauen bis 24 haben zu 61% entsprechende Erfahrung, die über 50 zu 30 % (bei den Männern 23 % zu 13 %/ Tab.3.2.2.; Tabellenband. S. 162). Am häufigsten geschildert werden Versuche, ein sexuelles Verhältnis anzubahnen, es folgt die ungewollte Präsentation von Nacktfotos oder pornografischen Videos, etwas seltener sind Versuche der Bloßstellung bzw.

3　Bereits in der Studie PARTNER 4 unter Jugendlichen im Jahre 2013 wurde auf Basis historischen Vergleichs zu 1990 ein gleichartiger Befund erhoben (Weller2013).

des medienbasierten Mobbings, noch seltener Erpressungsversuche mit sexualisiertem Bildmaterial (Tab. 3.2.7.).

Unter den Frauen ist die Erfahrung mit Versuchen der Bloßstellung extrem bildungsabhängig. Diejenigen mit Schulabschluss bis 9. Klasse berichten zu 83 % von einschlägigen Erfahrungen, die mit 10. Klasse zu 58 %, die Abiturientinnen zu 33 %. Auch die Belästigung durch intime Fotos/Videos differiert zwischen den Bildungsgruppen, allerdings geschlechtsspezifisch: Bei den Frauen nimmt mit steigender Bildung die Belästigungserfahrung ab, bei den Männern nimmt sie zu: bis 9. Klasse w=68 %, m=17 %, 10. Klasse w=55 %, m=45 %, Abitur w=49%, m=52 % (Tabellenband, S. 165). Es ist zu vermuten, dass die gebildeteren Frauen in ihrer Internet-Kommunikation tatsächlich weniger sexualisiertes Material ungewollt erhalten als weniger gebildete. Höher gebildete Männer erleben ungewollte sexualisierte Botschaften wohl eher als belästigend als ihre geringer gebildeten Geschlechtsgenossen.

Tab. 3.2.7.: Sexuelle Übergriffe im Internet

% erlebt (n-k.A.)	weiblich (724)	männlich (163)	divers (48)	gesamt (935)
Erpressung durch Bilder/Videos	14	26	21	17
Fertig machen/Bloßstellung	39	42	53	40
Ungewollte Präsentation von Fotos/Videos	50	46	40	49
Versuch der sexuellen Anbahnung	85	61	81	81

46 % der von Übergriffen und Belästigungen im Internet Betroffenen (w=47 %, m=41 %, d=38 %) waren sich im Vorhinein bewusst darüber, dass sie bei der Nutzung des jeweiligen Online-Angebots Grenzverletzungen erleben können. Das Bewusstsein, Grenzverletzungen im Internet erleben zu können, differiert mit der Bildung. So beantworten von den niedrig Gebildeten 40 % die Frage „War Ihnen vorher bewusst, dass Sie Grenzverletzungen durch die Nutzung der jeweiligen Angebote erleben könnten?" mit „ja", im Gegensatz zu den hoch Gebildeten, die dies zu 54 % antizipierten. Diese Daten lassen vermuten, dass mit höherer Bildung eine erhöhte Medienkompetenz und ein gesteigertes Bewusstsein für die

Möglichkeit von Grenzverletzungen im Internet einhergehen – eine Voraussetzung, das eigene Nutzungsverhalten anzupassen, um sich selbst vor Übergriffen schützen zu können.

3.3 Gewalt in Partnerschaften

„Jede dritte Frau in Deutschland ist mindestens einmal in ihrem Leben von physischer und/oder sexualisierter Gewalt betroffen. Etwa jede vierte Frau wird mindestens einmal Opfer körperlicher oder sexueller Gewalt durch ihren aktuellen oder früheren Partner. Betroffen sind Frauen aller sozialen Schichten.... Opfer von Partnerschaftsgewalt sind zu über 81% Frauen. Die Hälfte von ihnen hat in einem gemeinsamen Haushalt mit dem Tatverdächtigen gelebt. Das zeigt die aktuelle Kriminalstatistische Auswertung zu Partnerschaftsgewalt des Bundeskriminalamtes"[4]

In diesem Statement des BMFSFJ vom 10.11.2020 wird in Verknüpfung von Dunkel- und Hellfelddaten (Anlass der Mitteilung ist die Veröffentlichung der BKA-Statistik für das Jahr 2019) auf die gesellschaftliche Bedeutung des Themas sexuelle Gewalt hingewiesen. Im Fokus steht die durch Männer ausgeübte partnerschaftliche Gewalt gegen Frauen – völlig zu Recht, was die Geschlechterdisparität betrifft, gleichwohl einseitig und heteronormativ. Im Rahmen von PARTNER 5 Erwachsene wurde partnerschaftliche Gewalt konsequent geschlechterbezogen (weiblich, männlich, divers) erfragt und darüber hinaus neben der Erfahrung mit erlebter Gewalt auch das eigene Ausüben von Gewalt. Erfragt wurde die Häufigkeit erlebter wie ausgeübter verbaler, körperlicher und sexueller Gewalt[5], sowohl in zurückliegenden wie aktuellen Beziehungen.

Die Fragen zur Gewalt in Paarbeziehungen wurden nur Partnerschaftserfahrenen gestellt. Neben den 5% noch Beziehungs-Unerfahrenen wurden aufgrund eines Programmfehlers auch die aktuell ohne Beziehung

---

4   BMFSFJ (2020): Frauen vor Gewalt schützen. Hintergrundmeldung vom 10.11.2020.

5   Anders als bei den Fragen zu den verschiedenen gesellschaftlichen Bereichen (Abschnitt 3.2.), in denen nach sexuellen Übergriffserfahrungen und dabei erlebter verbaler bzw. körperlicher Gewalt gefragt wurde, betrafen die Fragen zu partnerschaftlicher Gewalt auch die nichtsexualisierten verbalen und körperlichen Übergriffe sowie explizit den Zwang zu sexuellen Handlungen (die genauen Frageformulierungen siehe Anlage 2).

lebenden Probanden (22 %) ausgefiltert, so dass zwar korrekterweise diejenigen mit aktueller Beziehung (73 %) zu eben dieser Beziehung befragt wurden, die Fragen zur Gewalterfahrung in einer Vorbeziehung wurde jedoch nur denjenigen gestellt, die sowohl eine aktuelle als auch Beziehungen davor hatten (64 %).

Die aktuelle Beziehung

Die Geschlechtszugehörigkeit des Partners/der Partnerin in der aktuellen Beziehung (wie auch bezogen auf frühere Beziehungen) wurde nicht erfragt. Diese „Veruneindeutigung" ist gewollt. Aufgrund der an anderer Stelle erfassten sexuellen Orientierung kann davon ausgegangen werden, dass 80 – 90 % der in der Studie charakterisierbaren Paarbeziehungen heterosexuelle Beziehungen sind.

Die aktuellen Beziehungen der Befragten sind – in Abhängigkeit vom Lebensalter – unterschiedlich lang (9 % unter einem Jahr, 24 % bis zu drei Jahren, 34 % bis zu 11 Jahren 33 % 12 Jahre und mehr – Tabellenband, S. 9). Die emotionale Qualität ist beeindruckend hoch: etwa jede/r Dritte liebt seine Partner*in „über alle Maßen", weitere 60 % „sehr", in den länger währenden Partnerschaften lässt die Euphorie der Bewertung etwas nach, aber die emotionale Verbundenheit bleibt hoch. Paare ohne jegliche Liebe gibt es nur zu rund 1 % - Tabellenband, S. 8). Die aktuelle Zufriedenheit mit der Paarbeziehung ist sehr hoch (Tabellenband, S. 14). Nur etwa 10 % der aktuell partnerschaftlich lebenden Frauen und Männer wünschen sich über kurz oder lang eine neue Beziehung.

Erwartungsgemäß ist die Gewaltbelastung aktueller Beziehungen vergleichsweise gering: verbale Gewalt dominiert, es folgt körperliche Gewalt und insgesamt am seltensten ist sexuelle Gewalt (vgl. Tab. 3.3.1 und Tabellenband S. 170 ff). Jede zwanzigste Frau (5 %) ist in ihrer aktuellen Partnerschaft schon mindestens einmal zu einer sexuellen Handlung gezwungen worden, das gilt auch für etwa jeden dreißigsten Mann (3 %), und etwa jede zwölfte Person mit diverser Geschlechtsidentität (8 %). In der Summe der bislang partnerschaftlich erlebten Gewaltformen verschwinden die Geschlechterdifferenzen weitgehend, das liegt u.a. daran, dass Männer häufiger verbale und auch körperliche Gewalterfahrung bekunden als Frauen. Etwa jede achte Person (12 %) hat in der aktuellen Partnerschaft schon Gewalt erfahren.

Ganz ausgeglichen werden die Geschlechterdifferenzen hinsichtlich der ausgeübten Gewalt in der aktuellen Beziehung: 14 % der Befragten haben eine der erfragten Gewaltformen schon selbst ausgeübt; das verbale Gewaltpotenzial ist ausgeglichen, Frauen haben etwas öfter zugeschlagen als Männer (8 % : 6 %), Männer haben etwas häufiger sexuell genötigt als Frauen (3 % : 1 %).

Tab. 3.3.1: Partnerschaftliche Gewalterfahrung in aktueller Beziehung

% erlebt (n-k.A.)	weiblich (1123)	männlich (832)	divers (63)	gesamt (2018)
Verbal bedroht worden	7	10	5	8
Geschlagen worden	4	9	5	6
Zu sexuellen Handlungen gezwungen worden	5	3	8	4
Mind. eine Form von Gewalt erfahren (Summenscore)	11	14	15	12
Verbal bedroht (aktiv)	10	10	10	10
Geschlagen (aktiv)	8	6	6	7
Zu sexuellen Handlungen gezwungen (aktiv)	1	3	3	2
Mind. eine Form von Gewalt ausgeübt (Summenscore)	14	14	14	14

Die Analysen der Relationen zwischen erlebter und ausgeübter Gewalt zeigen: aktuelle Beziehungen sind weitgehend frei von Gewalt: In 87 % der Beziehungen gibt es keine verbale Gewalt, in 91 % keine körperliche, in 95 % keine sexualisierte (Tab. 3.3.2. – 3.3.4.) Die Beziehungen, in denen Gewalt stattfindet, ist nach den vorliegenden Befunden nicht durch eine systematische geschlechtsspezifische Täter-Opfer-Relation charakterisiert.

Tab. 3.3.2.: Erlebte und ausgeübte verbale Gewalt in aktueller Beziehung

% erlebt (n-k.A.)	weiblich (1120)	männlich (825)	divers (63)	gesamt (2008)
Verbale Gewalt erfahren/erlebt				
weder/noch	87	86	88	87
nur erfahren	3	4	2	4
nur ausgeübt	6	4	6	5
sowohl als auch	4	6	4	4

Tab. 3.3.3.: Erlebte und ausgeübte körperlicher Gewalt in aktueller Beziehung

% erlebt (n-k.A.)	weiblich (1120)	männlich (827)	divers (63)	gesamt (2010)
körperliche Gewalt erfahren/ausgeübt				
weder/noch	91	90	92	90
nur erfahren	2	5	2	3
nur ausgeübt	5	2	3	4
sowohl als auch	2	3	3	3

Tab. 3.3.4.: Erlebter und ausgeübter Zwang zu sexuellen Handlungen in aktueller Beziehung

% erlebt (n-k.A.)	weiblich (1122)	männlich (832)	divers (62)	gesamt (2016)
Zwang zu sexuellen Handlungen erfahren/ausgeübt				
weder/noch	94	95	90	95
nur erfahren	4	2	6	3
nur ausgeübt	1	2	2	1
sowohl als auch	1	1	2	1

Erlebte Gewalt in der aktuellen Beziehung hat keinen allzu starken Einfluss auf die Bewertung dieser Beziehung. Es ist keinesfalls so, dass Gewalterfahrung als signifikanter Trennungsgrund gilt: von den Frauen, die in der aktuellen Beziehung Gewalt erfahren haben wünschen sich 16 % eine neue Beziehung, das sind zwar deutlich mehr, als die Frauen in gewaltfreier Beziehung (10 %), aber es ist festzuhalten: die große Mehrheit von Frauen in Gewaltbeziehungen (84 %) will in der Beziehung verbleiben (bei den Männern wünschen gewaltfrei Lebende zu 15 % eine neue Beziehung, von denen in einer Gewaltbeziehung 22 %; bei den diversen Personen ist das Verhältnis aufgrund des geringen n nicht valide abbildbar).

Vergangene Beziehungen

Die Fragen zur Gewalt in Vorbeziehungen wurden, wie oben bereits beschrieben, nur denjenigen gestellt, die auch aktuell in Beziehung leben. Zu etwa je einem Viertel haben die Befragten eine, zwei oder drei Vor-Beziehungen, ein Viertel hat vier oder mehr Vor-Beziehungen (also fünf oder mehr Beziehungen insgesamt – Tabellenband. S. 4). Die Geschlechter unterscheiden sich kaum (mit Ausnahme der häufigeren Beziehungserfahrung nichtbinärer Personen). Mit steigendem Lebensalter nimmt die Anzahl der erlebten Paarbeziehungen erwartungsgemäß zu, aber bereits in der jüngsten Altersgruppe der Frauen (bis 24 Jahre) leben 68 % nicht mehr in der ersten Beziehung, in der ältesten (über 50) sind es 91 % (männlich 56 % : 88 %).

Annähernd jede zweite Frau (47 %) hat Gewalt in Beziehungen erlebt, ist bedroht, geschlagen oder sexuell genötigt worden, von den befragten Männern betrifft das immerhin auch jeden vierten (25 %; Tab. 3.3.5.). Über ein Viertel der Frauen (28 %) sind schon durch Partner*innen zu sexuellen Handlungen gezwungen worden (unter den diversen Personen sogar 42 %), von den Männern sagt das lediglich jeder zwanzigste (5 %). Hier zeigen sich die erwarteten Geschlechterdifferenzen.

Was die agierte Gewalt betrifft, so hat etwa jede*/r sechste Befragte schon verbale Gewalt ausgeübt, Frauen haben häufiger zugeschlagen als Männer (16 %: 10 %), Männer haben häufiger sexuellen Zwang ausgeübt als Frauen (4 %: 1 %). Zusammengefasst hat fast jede vierte Frau (24%) und jeder fünfte Mann (20%) bereits eine Form partnerschaftlicher Gewalt ausgeübt.

Tab. 3.3.5: Partnerschaftliche Gewalterfahrung in vergangenen Beziehungen

% erlebt (n-k.A.)	weiblich (962)	männlich (691)	divers (55)	gesamt (1708)
Verbal bedroht worden	35	21	33	30
Geschlagen worden	20	15	20	18

Zu sexuellen Handlungen gezwungen worden	28	5	42	19
Mind. eine Form von Gewalt erfahren (Summenscore)	47	25	50	38
Verbal bedroht (aktiv)	18	15	16	17
Geschlagen (aktiv)	16	10	9	13
Zu sexuellen Handlungen gezwungen (aktiv)	1	4	9	3
Mind. eine Form von Gewalt ausgeübt (Summenscore)	24	20	18	23

Frauen erfahren häufiger als Männer partnerschaftliche Gewalt (vor allem sexualisierte), sie üben aber auch tendenziell häufiger Gewalt aus (verbal wie körperlich). Die Struktur der Zusammenhänge zwischen erlebter und ausgeübter Gewalt in früheren Beziehungen ähnelt denen in der aktuellen Beziehung, wobei die Erfahrungen wesentlich häufiger sind. Etwa zwei Drittel bis drei Viertel aller Befragten haben bislang keine Gewalt in Beziehungen erlebt oder ausgeübt. Die befragten Männer haben insgesamt weniger Gewalterfahrung als die befragten Frauen und die Personen mit diverser Geschlechtsidentität (Tab. 3.3.6. – 3.3.8.).

Tab. 3.3.6.: Erlebte und ausgeübte verbaler Gewalt in früheren Beziehungen

% erlebt (n-k.A.)	weiblich (944)	männlich (674)	divers (54)	gesamt (1672)
Verbale Gewalt erfahren/erlebt				
weder/noch	61	74	63	66
nur erfahren	22	11	20	17
nur ausgeübt	4	5	4	5
sowohl als auch	13	10	13	12

Tab. 3.3.7.: Erlebte und ausgeübte körperliche Gewalt in früheren Beziehungen

% (n-k.A.)	weiblich (940)	männlich (693)	divers (54)	gesamt (1687)
körperliche Gewalt erfahren/ausgeübt				
weder/noch	74	82	76	77
nur erfahren	11	9	15	10
nur ausgeübt	7	3	6	5
sowohl als auch	8	6	3	8

Tab. 3.3.8.: Erlebter und ausgeübter Zwang zu sexuellen Handlungen in aktueller Beziehung

% erlebt (n-k.A.)	weiblich (944)	männlich (690)	divers (54)	gesamt (1688)
Zwang zu sexuellen Handlungen erfahren/ausgeübt				
weder/noch	64	87	54	74
nur erfahren	20	4	37	14
nur ausgeübt	9	8	6	8
sowohl als auch	7	1	3	4

Gewalterfahrung in der Partnerschaft ist nach den vorliegenden Befunden stark bildungsabhängig, allerdings nur bei den Frauen. Diejenigen mit geringer Schulbildung sind in (zurückliegenden) Beziehungen schon zu 78 % bedroht worden, die Frauen mit hoher Schulbildung zu 33 %, die Erfahrung mit körperlicher Gewalt teilen 54% der niedrigen und 17 % der hohen Bildungsgruppe, hinsichtlich sexuellen Zwanges ist das Verhältnis 48 %: 28 %.[6]

Bei den Männern gibt es keine bildungsbedingten Differenzierungen mit Ausnahme der erfahrenen körperlichen Gewalt, allerdings in konträrer Weise: die Männer mit geringer Schulbildung haben sie zu 6 % erlebt, die mit hoher zu 17 %. (Die Häufigkeit ausgeübter Gewalt variiert in den verschiedenen Bildungsgruppen nicht systematisch.)

Während Bildung bei den Frauen einerseits ein Resilienzfaktor gegenüber partnerschaftlicher Gewalt ist, so zeigt sich andererseits, dass partnerschaftliche Bildungsdifferenzen einen Risikofaktor darstellen: Frauen mit, bezogen auf die Intelligenz, unterlegenen Partner*innen haben in der aktuellen Beziehung häufiger Gewalt erlebt (zu 17 %) als diejenigen mit ebenbürtigen oder überlegenen Partner*innen (10 bzw. 9 %). Der Umkehrschluss allerdings, wonach Männer gegenüber intellektuell überlegenen Partner*innen mehr Gewalt ausüben, lässt sich aus den vorhandenen

---

6   Die häufigen Hinweise darauf, dass partnerschaftliche Gewalt schichtunabhängig als strukturelle Konstante männlicher Gewalt gegen Frauen existiert (siehe Eingangszitat zu diesem Abschnitt), ist politisch nachvollziehbar, vernachlässigt aber die Frage nach den personellen und gesellschaftlichen Bedingungen jenseits eines naturalistisch und heteronormativ gedachten Geschlechterverhältnisses als Gewaltverhältnis.

Daten nicht belegen. Empirisch nachweisbar wiederum ist, dass Frauen mit unterlegenen Partner*innen häufiger Gewalt ausüben (zu 22 %) als gegenüber überlegenen bzw. gleichen Partner*innen (13 % - alles bezogen auf aktuelle Partnerschaft, da hierfür die Kriterien erhoben wurden, vgl. Tabellenband S. 18 – 24). Insofern ist intellektuelle Beziehungssymmetrie friedlicher, Asymmetrie gewaltförderlich.

Beziehungsgewalt ist von anderen Lebensbedingungen bzw. -stressoren abhängig. In der Studie wurde beispielsweise nach der Bewertung der aktuellen finanziellen Situation gefragt (Tabellenband, S. 33). Frauen, die ihre Situation als „sehr gut" einschätzen haben zu 7 % Gewalterfahrung, diejenigen die „ausreichend" angeben zu 17 %, die (wenigen) die „ungenügend" angeben zu 33 %. Weitergehende Analysen zu Faktoren von Beziehungsgewalt sind künftigen Auswertungen vorbehalten.

Bezogen auf das Eingangszitat „Etwa jede vierte Frau wird mindestens einmal Opfer körperlicher oder sexueller Gewalt durch ihren aktuellen oder früheren Partner." ist festzustellen, dass die Ergebnisse der vorliegenden Studie höher liegen. 30 % der befragten Frauen sind in zurückliegenden bzw. aktuellen Partnerschaften zu sexuellen Handlungen gezwungen worden, 21 % haben körperliche Gewalt erfahren. Zusammen betrachtet haben 38 % der Frauen körperliche und/oder sexuelle Gewalt in einer Partnerschaft erlebt (Männer: 17 %, Diverse: 46 %).[7]

Eingangs wurde aus der Hellfeld-Statistik zitiert: „Opfer von Partnerschaftsgewalt sind zu über 81% Frauen." Die aus den vorliegenden Daten mögliche Dunkelfeldschätzung zu erlebter partnerschaftlicher Gewalt (nur körperliche und/oder sexuelle Gewalt) ergibt eine Geschlechterrelation von 69 % weiblich: 31 % männlich). Die Relationen zu den verschiedenen Formen erlebter bzw. ausgeübter Gewalt sind in Tab. 3.3.9. (unter

---

7 Die in der vorliegenden Studie empirisch nachweisbare Bildungsabhängigkeit legt angesichts der überdurchschnittlichen Bildung der befragten Frauen nahe, dass die erhobenen Befunde das partnerschaftliche Gewaltaufkommen in der Gesamtbevölkerung aus weiblicher Sicht eher unterschätzen. Für eine tendenzielle Überschätzung spricht, dass die Teilnehmer*innen ein hohes Interesse am Thema Gewalt hatten. Die Abwägung beider gegensätzlicher Argumente lässt die erhobenen Daten als verlässlich erscheinen.

Bezug auf Tab. 3.3.5.) zusammengestellt.[8] Frauen sind erwartungsgemäß häufiger Opfer als Männer, in Bezug auf sexuelle Gewalt ist die Relation 85 %: 15 %. Bei körperlicher Gewalt ist das Geschlechterverhältnis mit 57 %: 43 % jedoch stärker angeglichen (was nahelegt, körperliche und sexuelle Gewalterfahrung separat zu betrachten). Hinsichtlich der Täterschaft in Partnerschaften dominieren Männer lediglich hinsichtlich der ausgeübten sexuellen Gewalt (drei Viertel wird von Männern ausgeübt), insbesondere bei ausgeübter körperlicher Gewalt dominieren jedoch die Frauen mit 62 %.

Tab. 3.3.9.: Partnerschaftliche Gewalterfahrung - Geschlechterrelation

%	Geschlechterverhältnis weiblich : männlich
Verbal bedroht worden	63 : 37
Geschlagen worden	57 : 43
Zu sexuellen Handlungen gezwungen worden	85 : 15
Körperliche und/oder sexuelle Gewalt erlebt	69 : 31
Mind. eine Form von Gewalt erfahren (Summenscore)	65 : 35
Verbal bedroht (aktiv)	55 : 45
Geschlagen (aktiv)	62 : 38
Zu sexuellen Handlungen gezwungen (aktiv)	25 : 75
Mind. eine Form von Gewalt ausgeübt (Summenscore)	55 : 45

Abschließend zu einigen historischen Vergleichen mit Ergebnissen der Studie PARTNER III aus dem Frühjahr 1990. Damals wurden (in der noch existierenden DDR) Berufstätige bis 46 Jahre befragt. In den Vergleich geht folglich eine Teilstichprobe aus PARTNER 5 (ostdeutsche Berufstätige bis 46 Jahre) ein. (Für 2020 wurde die erfahrene bzw. ausgeübte Gewalt in vergangener und/ oder aktueller Beziehung berechnet.)
Körperliche Gewalterfahrung berichteten 1990 15 % der Frauen, 2020 sind es 19 %.[9] Das ist angesichts der relativ geringen Stichprobengrößen als

---

8   (Die Darstellung beschränkt sich auf die Erfahrungen in vergangenen Beziehungen – da die aktuellen Beziehungen weitgehend frei von Gewalt sind, ist die Beschränkung auf vergangene Beziehungen aussagekräftig).

9   Die Fragestellungen von 1990 folgten noch ganz einer geschlechterbinären Täter-/Opferdichotomie: Frauen wurden zu ihrer Opfererfahrung befragt, Männer zu ihrer Tätererfahrung.

möglicher leichter Anstieg oder Konstanz zu interpretieren. Anders die Erfahrung mit sexueller Zwangsausübung: Während 1990 lediglich 4 % der Frauen in Partnerschaften zu sexuellen Handlungen gezwungen wurden, sagen das jetzt 29 %. Das ist ein dramatischer Zuwachs, der ganz sicher auch mit der gesamtgesellschaftlichen Neubewertung sexueller Gewaltausübung seit den 1990er Jahren zu tun hat - unabhängig vom Partnerstatus[10]. Gleichwohl sagt das Ergebnis aus: sexuelle Gewalt in Partnerschaften ist angewachsen.

Die Vergleiche zur ausgeübten körperlichen Gewalt durch Männer bestätigen historische Konstanz, die Ausübung sexueller Gewalt bestätigten 1990 2 %, 2020 4%, was auf einen Zuwachs schließen lässt, aber aufgrund der geringen Fallzahlen nicht statistisch zu sichern ist.

Tab. 3.3.10.: Gewalterfahrung in Beziehungen im Vergleich 1990 - 2020

% „ja" (n-k.A.)	1990		2020	
	weiblich (236)	**männlich (185)**	**weiblich (240)**	**männlich (114)**
geschlagen worden (1990 = 374 weiblich; 2020 = 63b)	15		19	22
geschlagen (aktiv) (1990 = 374 männlich; 2020 = 63e)		12	20	12
zu sexuellen Handlungen gezwungen worden (1990 = 375 weiblich; 2020 = 63c)	4		29	10
zu sexuellen Handlungen gezwungen (aktiv) (1990 = 375 männlich; 2020 = 63f)		2	2	4

Fragestellungen 1990:

374: Es kommt vor, daß ein Mann seine Ehefrau/ Partnerin schlägt.

Weiblich: Sind Sie selbst schon einmal von Ihrem Partner geschlagen worden?

Männlich: Haben Sie schon einmal Ihre Partnerin geschlagen?

1 = ja, schon öfter

2 = ja, aber es blieb die Ausnahme

3 = nein

0 = Ich hatte noch keinen festen Partner/feste Partnerin

---

10 Als Meilenstein dieser Umbewertung gilt die Einführung des Straftatbestands Vergewaltigung in der Ehe im Jahre 1997.

375: Es kommt auch vor, dass ein Mann seine Ehefrau/feste Partnerin durch Gewalt oder Drohung zum Geschlechtsverkehr oder zu einer anderen sexuellen Handlung zwingt.
Weiblich: Haben Sie sich schon einmal in einer solchen Situation befunden?
Männlich: Haben Sie das schon einmal getan?

3.4 Schwere Formen sexualisierter Gewalt: Vergewaltigungsversuch und Vergewaltigung

Im letzten Abschnitt des ersten Berichtsteils wird die auf die gesamte Lebenszeit bezogene Erfahrung mit schweren Formen sexueller Gewalt, mit Vergewaltigungsversuchen und Vergewaltigung dargestellt. 43 % aller Frauen haben Vergewaltigungsversuche erlebt, 30 % Vergewaltigungen, etwa jeweils die Hälfte von ihnen mehrfach (Tab. 3.4.1; Tabellenband, S. 198 - 201). Die Erfahrungen nehmen mit steigendem Lebensalter nicht systematisch zu, d.h., sie finden ganz überwiegend bis zum frühen Erwachsenenalter statt. In der Studie PARTNER 4 2013 gaben 5 % der 17jährigen Mädchen, an, bereits eine Vergewaltigung erlebt zu haben (Weller, K. 2013b, S.130). Daraus lässt sich folgern, dass jede vierte Frau im frühen Erwachsenenalter bis Mitte 20 eine Vergewaltigung erlebt, weitere 5 % bereits in Kindheit oder Jugendalter.

Personen mit diverser Geschlechtsidentität sind noch wesentlich häufiger als Frauen von schwerer sexueller Gewalt betroffen, fast die Hälfte (44 %) berichtet von mindestens einer Vergewaltigung. Unter den befragten Männern ist etwa jeder zehnte (9 %) bereits vergewaltigt worden (Tab. 3.4.1.).

Tab. 3.4.1.: Vergewaltigungsversuch und Vergewaltigung

% „ja" (n-k.A.)	weiblich (1598)	männlich (1145)	divers (105)	gesamt (2848)
Vergewaltigungsversuch erlebt	43	12	57	31
Vergewaltigungsversuch praktiziert	2	5	13	4
Vergewaltigung erlebt	30	9	44	23
Vergewaltigung praktiziert	0	3	8	2

Frageformulierung siehe Anlage 2, Frage 64 c,d,e,f.

Drei bis fünf Prozent der Männer bekunden eigene Täterschaft, ein Prozent mehrfach, unter den Frauen geben zwei Prozent selbst versuchte

Vergewaltigungen an. Relativ hoch hingegen ist die Täter*innenerfahrung unter den Personen mit diverser Geschlechtsidentität (8 bis 13 %). Bei den nichtbinären Personen wie bei den Männern gibt es Zusammenhänge zwischen Opfererfahrung und Täterschaft: Über 20 % der Opfer sind zugleich Täter (heute Opfer, morgen Täter), bei den Frauen sind es lediglich 3 %.

Ob die erlebten Vergewaltigungsversuche bzw. Vergewaltigungen innerhalb oder außerhalb von Beziehungen stattfanden, ist anhand der bisher analysierten Fragestellungen nicht genau bestimmbar (genaueres zu Opfer-Täter-Konstellationen im 4. Kapitel dieses Berichts). Unter den Frauen, die mindestens eine Vergewaltigung erlebt haben, berichten zwei Drittel zugleich von Erfahrung mit partnerschaftlicher Gewalt, unter denen mit der Erfahrung einer versuchten Vergewaltigung sind es die Hälfte. Es kann also abgeschätzt werden, dass mindestens die Hälfte aller lebenszeitlichen sexuellen Gewalterfahrungen in Beziehungen stattfinden. (Bei den Männern sind die Relationen ähnlich.)

Abschließend zu einigen historischen Vergleichen zu 1990. Hierzu wird die Stichprobe auf Ostdeutsche bis 46 Jahre reduziert. Die Fragestellungen zur erlebten Vergewaltigung bezogen sich 1990 ausdrücklich auf einen Täter, mit dem die Frau nicht verheiratet ist (siehe Fragestellung 377 mit Bezug auf 376). Die Frage zum Vergewaltigungsversuch bezog sich auf einen Fremdtäter (378) und wurde nur Frauen gestellt. Historischer Hintergrund ist, dass seinerzeit Vergewaltigung in der Ehe noch kein Straftatbestand war. Die unterschiedlichen Fragestellungen lassen folglich keinen exakten historischen Vergleich zu.

Hatten 1990 16 % der Frauen bereits einen Vergewaltigungsversuch erlebt, so sind es aktuell 42 %, wobei, wie gesagt, 1990 nur Taten durch Fremdtäter erfragt wurden. Wenn wir bei den 2020er Ergebnissen davon ausgehen, dass etwa die Hälfte der Vergewaltigungsversuche durch Täter, die nicht Partner waren, begangen wurden, so sind die Häufigkeiten von damals zu heute etwa auf dem Niveau geblieben. Die Erfahrung mit Vergewaltigung ist im Vergleichszeitraum von rund 13 % auf 29 % angestiegen. Seinerzeit wurde die Frage auf nicht mit dem Opfer verheiratete Täter eingeschränkt; für die aktuellen Befunde kann wiederum nur geschätzt werden, dass etwa die Hälfte aller Vergewaltigungen außerhalb einer Beziehung stattfanden, so dass die Vergewaltigungen durch Täter außerhalb einer Beziehung in etwa gleich hoch geblieben wären.

Eine weitere Vergleichsmöglichkeit in Bezug auf erlebte Vergewaltigungen durch Frauen ist die Folgende: 1990 wurde neben der Vergewaltigung durch einen Fremdtäter (13 %) auch die innerhalb der Partnerschaft erfragt (4 % - vgl. Tab. 3.3.10.). Das sind zusammen 17 %, denen die 29 % von 2020 gegenüberstehen. Der Zuwachs liegt auf der Hand und er speist sich vor allem aus der Zunahme von Beziehungstaten.

Auch die historischen Vergleiche zur Kenntnis von Personen, die vergewaltigt wurden oder vergewaltigt haben stehen unter dem Vorbehalt der 1990 auf Fremdtäter eingeschränkten Fragestellung. Sie sind aber äußerst deutlich (1990 kannten rund 15 % der Frauen ein weibliches Vergewaltigungsopfer, heute sagen das 64 %), so dass auf ein historisch angewachsenes Reflexions-, Sensibilitäts- und Diskursniveau geschlossen werden kann.

Tab. 3.4.2.: Sexuelle Gewalterfahrungen im Vergleich 1990 – 2020

% „ja" (n-k.A.)	1990		2020	
	weiblich (240)	**männlich (191)**	**weiblich (355)**	**männlich (180)**
Kenntnis von einem Mann, der vergewaltigt hat (1990 = 376männlich; 2020 = 64g)		8	29	15
Kenntnis von einer Frau, die vergewaltigt wurde (1990 = 376weiblich; 2020 = 64a)	15		64	48
Erlebter Vergewaltigungsversuch (1990 = 378weiblich; 2020 = 64c)	14		42	12
Praktizierter Vergewaltigungsversuch (1990 = 378 männlich; 2020 = 64e)		1	2	4
Erlebte Vergewaltigung (1990 = 377 weiblich; 2020 = 64d)	13		28	8
Praktizierte Vergewaltigung (1990 = 377 männlich; 2020 = 64f)		1	1	2

Fragestellung 1990:
376 weiblich: Ist Ihnen persönlich ein Mädchen/ eine Frau, die von einem Mann, mit dem sie nicht verheiratet ist, durch Gewalt oder Drohung zum Geschlechtsverkehr gezwungen wurde (Vergewaltigung)? 1 = ja; 2 = nein;

377 weiblich: Haben Sie sich selbst schon einmal in einer derartigen Situation befunden?
1 = ja, einmal; 2 = ja, mehrmals; 3 = nein;

376 männlich: Ist Ihnen persönlich ein Mann bekannt, der ein Mädchen/ eine Frau, mit der er nicht verheiratet ist, durch Gewalt oder Drohung zum Geschlechtsverkehr gezwungen hat (Vergewaltigung)? 1 = ja; 2 = nein;
377 männlich: Haben Sie schon einmal so etwas getan? (377 männlich)

378 männlich: Haben Sie selbst schon einmal versucht, so etwas zu tun?
1 = ja, einmal; 2 = ja, mehrmals; 3 = nein;
378 weiblich: Hat schon einmal ein fremder Mann versucht, sie zu vergewaltigen?
1 = ja, einmal; 2 = ja, mehrmals; 3 = nein;

4. Ergebnisse Teil 2: Das einprägsamste Erlebnis

In den jährlich durch Bund und Länder veröffentlichten polizeilichen Kriminalstatistiken werden unter der Rubrik „Straftaten gegen die sexuelle Selbstbestimmung" die polizeilich angezeigten Fälle sexualisierter Gewalt aufgeführt. Das ist das so genannte Hellfeld. Das Dunkelfeld betrifft die nicht angezeigten Fälle bzw. das gesellschaftliche Gesamtaufkommen sexualisierter Gewalthandlungen. Dunkelfeldstudien ermitteln an großen repräsentativen Zufallsstichproben dieses Gesamtaufkommen, insbesondere hinsichtlich des sexuellen Missbrauchs im Kindesalter.[11] In solchen Studien wurde seit den späten 1970er Jahren auch erkundet, wie viele sexuelle Gewalttaten zur Anzeige gelangten. Diese „Dunkelziffer" lag in verschiedenen Studien bei ca. 5%.[12] Insgesamt ist von einem großen Dunkelfeld im Bereich der Straftaten gegen die sexuelle Selbstbestimmung auszugehen.

Im ersten Teil des Berichts (unter 3.) wurden bereits strafrechtlich relevante Ergebnisse zu sexueller Belästigung, Vergewaltigung und Vergewaltigungsversuch vorgestellt, an dieser Stelle aber noch nicht das Anzeigeverhalten erhoben, was eine Einordnung der Übergriffe in Dunkel- oder Hellfeld und die Bestimmung einer Dunkelziffer ermöglicht (einem Faktor, mit dem die jeweiligen Hellfeld-Zahlen multipliziert werden können, um das Gesamtaufkommen der jeweiligen Straftat abzuschätzen).

Zur Bestimmung des Anzeigeverhaltens wurde in der Studie nach einem besonderen, dem einprägsamsten Erlebnis eines sexuellen Übergriffs gefragt: Die folgenden Fragen betreffen weiterhin Erfahrungen mit sexueller Belästigung und Gewalt. Gibt es ein einprägsamstes Erlebnis (sexuelle Belästigung/sexueller Übergriff) an das Sie sich besonders erinnern?

Der Begriff „einprägsam" ist mit Bedacht gewählt. Er ist neutral und suggeriert nicht, dass ein besonders leidvolles, belastendes oder strafba-

---

11 Z.B.: Bieneck, S., Stadler, L. & Pfeiffer, C. (2011). Erster Forschungsbericht zur Repräsentativbefragung Sexueller Missbrauch 2011. Hannover: Kriminologisches Forschungsinstitut Niedersachsen. https://www.moses-online.de/sites/default/files/Erster_Forschungsbericht_sexueller_Missbrauch_2011.pdf (16.10.2019).

12 Ausführlich dazu: Weller, K (2020): Reflexion der deutschen Forschung zu sexualisierter Gewalt von, an und unter Jugendlichen. In: Krolzik-Mattei, K.; Linke, T. & Urban, M (Hrsg.): Schutz von Kindern und Jugendlichen vor sexueller Traumatisierung. Gießen: Psychosozial Verlag, S. 41-53.

res Ereignis gemeint ist. Warum es für die Proband*innen einprägsam war, kann verschiedene Gründe haben. Dieses konkrete einprägsamste Erlebnis wurde differenziert erfragt (Art des Übergriffs, Alter des Opfers und des Täters, Anzeigeverhalten, erfahrene Hilfe etc.). Auf diese Weise konnte auch auf die strafrechtliche Relevanz des Erlebten geschlossen werden.

Etwa die Hälfte der Befragten (51%) hat kein einprägsames Erlebnis bzw. erinnert sich nicht daran (Tab. 4.1.). 69% der Frauen (n=1093), 19% der Männer (n=225) und 74% der Diversen (n=78) erinnern sich und haben die folgenden Fragen zur Charakterisierung des Erlebnisses und zum Umgang damit beantwortet.[13]

Tab. 4.1: Erinnerung an ein einprägsamstes Erlebnis sexueller Belästigung/sexuellen Übergriffs

% (n-k.A.)	weiblich (1595)	männlich (1148)	divers (106)	gesamt (2849)
ja	69	19	74	49
nein	18	27	16	21
Ich hatte kein solches Erlebnis.	14	54	10	30

Charakterisierung des einprägsamsten Erlebnisses

In den folgenden Abschnitten wird das einprägsamste Erlebnis sexualisierter Gewalterfahrung differenziert charakterisiert nach ...
• Geschlecht und Alter der Betroffenen,
• Deliktcharakteristik,
• Charakteristik der Täter*innen,
• Wahrnehmung des Erlebten als Übergriff,
• Anzeigeverhalten,
• retrospektive Beurteilung des Anzeigeverhaltens,
• Hilfe und Unterstützung der Betroffenen,
• Leidensdruck der Betroffenen.

---

13 Bei den folgenden tabellarischen Darstellungen wird die Differenzierung nach weiblich/männlich/divers weitgehend beibehalten, wenngleich das n bei männlich und divers oft sehr klein wird. Weiter ist zu beachten, das das jeweilige gesamt stark der Verteilung für weiblich entspricht, da rund 80% der Antworten zum einprägsamsten Erlebnis von Frauen stammen. Aussagen auf der Basis von gesamt sind dort sinnvoll, wo es keine nennenswerten Geschlechterdifferenzierungen gibt.

4.1 Deliktcharakteristik und Alter der Betroffenen

Die erinnerten Ereignisse fanden fast alle in unmittelbarem Kontakt (offline) statt. D.h., die häufig konstatierten Übergriffserlebnisse im Internet (online, vgl. 3.2.) sind lebensgeschichtlich nur ganz selten die bedeutsamsten. 79% aller bedeutsamen Erlebnisse sind Hands-on-Delikte (also Taten mit Körperkontakt), entweder die von 38% der Befragten genannten erzwungenen sexuellen Handlungen (aus strafrechtlicher Perspektive eindeutige Delikte) oder/und die von 71% genannten Erlebnisse des begrabscht oder ungewollt geküsst werdens. Die meisten körperlichen Übergriffe gehen einher mit nichtkörperlichen Handlungen, mit verbalen Bedrohungen (von 47% der Befragten geäußert), mit exhibitionistischen Handlungen (dem ungewollten Zeigen von Geschlechtsteilen – von 31% genannt) oder der ungewollten Konfrontation mit Pornografie (von 8% genannt – vgl. Tab. 4.1.1.). Reine Hands off- Delikte wurden zu 21% genannt. (Die Unterscheidung von Hands-on- und Hands-off-Delikten ist die einzige disjunkte Typisierung des einprägsamsten Erlebnisses, alle anderen Kriterien sind lediglich Teil-Charakteristika).

Tab. 4.1.1.: Deliktcharakteristika

% „ja" (n-k.A.)	weiblich (1057)	männlich (218)	divers (75)	gesamt (1350)
online	5	4	11	5
offline	95	95	96	95
Hands-on-Delikte (mind. eine Form von Körperkontakt)	79	75	78	79
durch andere erzwungene sexuelle Handlungen (z. B. Oralverkehr, Geschlechtsverkehr)	37	39	47	38
durch erzwungene Küsse oder Begrabschen	70	64	73	69
verbal (z.B. durch sexualisierte Sprache oder Bedrohung)	47	40	47	46
durch ungewolltes Zeigen von Geschlechtsteilen	32	31	27	31

durch ungewolltes Zeigen von Nackt-bildern/Pornografie	8	13	9	9
„reine" Hands-off-Delikte (ohne Körper-kontakt)	21	25	22	21
durch etwas anderes	27	25	32	27

Fragetext: Bitte erinnern Sie sich an dieses einprägsamste Erlebnis. Was ist passiert? Das Erlebnis erfolgte durch...Antwortpositionen (AP): 1= Ja, 2 = Nein

Nicht zuletzt die Tatsache, dass über ein Viertel der Befragten (27%) ihr einprägsamstes Erlebnis noch über die vorgegebenen Charakteristika hinaus in einer offenen Antwortmöglichkeit konkret beschrieben, zeigt die Komplexität der Erlebnisse bzw. Delikte (im Folgenden einige charakteristische Beispiele). Für die Fragestellung nach der Anzeigehäufigkeit strafrechtlich relevanter Delikte (der Ermittlung von Dunkelziffern) werden weiter unten verschiedene Zusammenfassungen genutzt (siehe Abschnitt 4.3.)

Zu den häufig verbal dargestellten Übergriffserlebnissen gehören:

Andauernder sexueller Missbrauch in der Kindheit (über punktuelle Erlebnisse hinaus)

„Sexueller Missbrauch durch beide Eltern und andere Pädophile in der Kindheit." (3054, divers, 54 Jahre, Alter zur Tat 4 Jahre, Täter 40 Jahre).

„Stiefvater verlangte ab meinem 9. Lebensjahr sexuelle Handlungen an sich." (2115, weiblich,40 Jahre, Alter zur Tat 9 Jahre, Täter 29 Jahre).

„Während Missbrauchserlebnis in der Kindheit Aufforderung zur Masturbation und Tragen müssen einer Windel." (3103, männlich, 34 Jahre, Alter zur Tat 14 Jahre, Täter 31 Jahre).

„Permanente Versuche der sexuellen Benutzung durch den Vater. Keinen Schutzraum, keine Schutzzeit zu haben. Immer in Alarmstimmung zu sein. Kontinuierliche Bedrohung. Keine Möglichkeit zur Flucht oder die Aussicht auf ein Ende vor dem 18. Lebensjahr. Krankenhäuser, Ärzte, Schule, Jugendamt: Keiner sah damals wirklich hin. Dieser Dauerzustand der permanenten Bedrohung hat mich geprägt und lange am Leben zweifeln lassen. Auszug und viele Therapien weiter unterscheide ich heute (seit ca. 30tem Lebensjahr) zwischen Sexualität (gefällt mir, ist toll) und dem Erlebten in der Kindheit als Gewalt." (2781, weiblich, 51 Jahre, Alter zur Tat 7 Jahre, Täter 31 Jahre).

„Als Kind (ca. 10-13) wurde ich regelmäßig von einem älteren Bekannten (60+) sexuell missbraucht, indem er mich zunächst mit Händen und später oral "befriedigte". Ich habe das damals nicht als Missbrauch empfunden, es hat mir sogar bis zu einem unbestimmten Moment gefallen. Heute jedoch weiß ich, dass es Missbrauch war." (530, männlich, 42 Jahre, Alter zur Tat 10 Jahre, Täter 60 Jahre).

Exhibitionistisches Onanieren

„Selbstbefriedigung vor mir" (3471, weiblich, 58 Jahre, Alter zur Tat 19 Jahre, Täter 35 Jahre).

„Beim Onanieren zugucken." (2980, weiblich, 37 Jahre, Alter zur Tat 11 Jahre, Täter 40 Jahre).

„Er verwickelte mich in ein (nicht sexuelles) Gespräch und befriedigte sich dabei durch seine Jackentasche. Das war mitten in der Innenstadt." (3788, weiblich, 45 Jahre, Alter zur Tat 25 Jahre, Täter 40 Jahre).

„In der Sauna, Besucher holte sich einen runter und geilte sich dabei an uns drei Freundinnen auf." (133, weiblich, 30 Jahre, Alter zur Tat 28 Jahre, Täter 50 Jahre).

„Jemand hat hinter meinem Rücken auf mein T-shirt masturbiert" (466, weiblich, 29 Jahre, Alter zur Tat 14 Jahre, Täter 21 Jahre).

Verfolgung, Bedrängen, Nötigung, Stalking

„Ungewolltes Festhalten, wo es schwer war, sich daraus zu befreien."
(4149, w, 20 Jahre)

„Zwei mir unbekannte Männer sind mir im Urlaub gefolgt, haben sexualisierte Sprüche gemacht, versucht mich zu küssen, sind mir später in einem Park in die Damentoilette gefolgt und haben mich festgehalten. Zum Glück konnte ich mich losreißen und wegrennen." (2739, w, 49 Jahre)

„Von hinten überfallen und festgehalten werden, Mund zu halten, ins Ohr atmen, aufgefordert werden, mich auszuziehen, seinen Körper gegen meinen gedrückt zu spüren, begrapscht zu werden, der Versuch, mich auszuziehen." (622, w, 36 Jahre)

„Ein Erwachsener/heranwachsender älterer Mann (ca. 20 Jahre alte) versuchte sich mit mir auf einer halb-öffentlichen Toilette einzuschließen, er kam immer näher, fasste mich an, während ich um Hilfe schrie, bis jemand die Toilettentür von außen aufgetreten hat." (2706, w, 29 Jahre)

„Ein Mann, der wesentlich älter, stärker und größer war, hat mich auf einer Schwimmbadtoilette über der Kabine versucht zu sexuellen Handlungen zu überreden. Da war ich 13. Ich habe versucht, die Kabine zu verlassen, worauf er mich festhielt und versuchte, mich in seine Kabine zu zerren. Zum Glück ging dann die Tür auf und ein älterer Mann kam herein, ich weiß nicht, ob er die Situation richtig einschätzte. Ich bin dann geflüchtet, habe gezittert und wusste, dass ich gerade einen Schutzengel hatte. Ich vergesse niemals diese Augen, die von purer Geilheit getrieben waren."
(3222, m, 47 Jahre)

„Er sollte mich nach Hause bringen und hielt dann auf einem verlassenen Feldweg an. Die Situation war sehr bedrohlich für mich. Ich war 16." (984, w, 35 Jahre)

„Der Kollege beobachtete mich ständig, vor allem wenn ich ein Kleidungsstück auszog; fragte wiederholt - auch nach meinen nein- ob wir mal was trinken gehen wollen; fragte mich immer wieder nach meiner Handynummer; wartete vor der Toilette auf mich; versperrte mir einmal den Weg aus dem Büro; drückte sich immer in meiner Nähe herum, sogar als ich mit dem Teamleiter darüber sprach, er ging erst weg, als der Teamleiter ihn ungehalten wegschickte; kam mir ungewollt nah und flüsterte mir ins Ohr, wie schön ich sei; drohte mir, nachdem er gekündigt wurde, dass er mich finden würde, Teamleiter rief daraufhin Security, um ihn vom Platz zu verweisen." (3045, weiblich, 23 Jahre, Alter zur Tat 19 Jahre, Täter 30 Jahre).

„Durch Fahrlehrer, es begann mit mich füttern mit Süßigkeiten, darüber sprechen was ich mit meinem Freund mag (ob ich swingerclubs kenne und sowas mag), ging weiter mit lange Hand auf meinen Händen beim Fahren liegen lassen, Hand auf meinem Knie ruhen zu lassen und leicht zu pressen im mir zu zeigen "wie man richtig Gas gibt". Ich habe das als unangenehm und belästigendund viel zu nah und aufdringlich empfunden. Es gipfelte bei Nachtfahrt. Ich sollte von der Straße abfahren. Ich hatte Angst und wusste nicht was ich tun sollte, malte mir aus gleich ohne ihn wegzufahren. Dennoch fuhr ich bin Straße ab. Es war dunkel. Wir fahren auf einem dunklen Platz im Wald, er stieg aus. Ich sollte auch aussteigen damit er mir etwas zeigen kann. Ich steckte mir als erstes eine Zigarette an um irgendeine Handlung zwischen uns zu bringen. Er sagte irgendwann "Wie findet das dein Freund wenn du nach Rauch riechst?" Im gleichen Moment zog er mich ran und fasste mit seiner Hand in meinen Nacken und kam mit seinem Mund an meinen Hals. Er war damals um die 60. Ich erzählte das meiner Schwester und meinem Freund. Alle und ich selbst waren empört aber niemand unternahm etwas. Ich hatte nur noch wenige Fahrten bis zum Führerschein und wollte das nicht gefährden. Ab diesem Erlebnis hatte ich immer ein Pfefferspray dabei. Danach (auch noch Jahre danach) erlebte ich mir selbst gegenüber Scham, Bagatellisierung (vielleicht meinte er es nicht so) und Schuld (warum habe ich Nichts gemacht in der Situation und danach? Warum habe ich geschwiegen? Vielleicht geht er bei anderen jungen Frauen weiter als bei mir und ich hätte das verhindern können?) Sowie Angst etwas zu sagen (es war ein Dorf, alle kannten ihn). Ich erinnere mich danach nicht gleich wieder Sex mit

meinem Freund haben zu können. Ich schämte mich und fühlte mich be-
schmutzt." (2936, weiblich, 31 Jahre, Alter zur Tat 19 Jahre, Täter 60 Jahre).

Übergriffe während konsensueller sexueller Handlungen

„Berührung an Genitalien, die vorher nicht vereinbart war, in einer Bon-
dage-Session." (697, weiblich, 41 Jahre, Alter zur Tat 38 Jahre, Täter 41
Jahre).

„Bei an sich einvernehmlichem Sex durch nicht konsensuelles Wieder-
eindringen in mich nach Abziehen des Kondoms bei einem One Night
Stand." (948, weiblich, 34 Jahre, Alter zur Tat 22 Jahre, Täter 32 Jahre).

„Zwei männliche Freunde eines One Night Stands sahen plötzlich unge-
fragt beim Geschlechtsverkehr zu (mit Handylicht- weiß nicht, ob auch
gefilmt wurde) sind mir danach hinterhergelaufen. (734, weiblich, 31 Jahre, Alter zur Tat 22 Jahre, Täter 24 Jahre).

„Ungewollte Analverkehr während des gewollten GV." (198, weiblich,
28Jahre, Alter zur Tat 19 Jahre, Täter 34 Jahre).

„Heimliches Filmen beim Sex ohne Einwilligung." (440, weiblich, 37 Jahre,
Alter zur Tat 31 Jahre, Täter 34 Jahre).

Erpressung

„Unter der Androhung, dass die Person mich verlassen wird oder sich um-
bringen wird, wenn ich es nicht tue, hatten wir Sex miteinander. Ich wurde
dazu aufgefordert, verschiedene Dinge zu tun, die ich nicht tun wollte,
aber ich tat sie, weil ich einfach schon bei vollständiger Unterwerfung
angelangt war. Die Person machte während des Sex ein Video von mir,
auf dem ich sehr gut zu erkennen war, das später wiederum verwendet
wurde, um mich zu Sex zu zwingen." (2949, männlich, 25 Jahre, Alter zur
Tat 18 Jahre, Täter 19 Jahre).

„Die Forderung einer Frau, mit ihr zu schlafen, weil sie sonst meiner Partnerin erzählen würde, wir hätten es getan." (1548, männlich, 45 Jahre, Alter zur Tat 30 Jahre, Täterin 40 Jahre).

„Erpressung mit Bildern von einem See, auf denen ich mit einem Bikini zu sehen bin, wie ich mich umziehe (Mit einem Handtuch) und der Drohung, Bilder auf denen man noch mehr sieht zu veröffentlichen, wenn ich keine erotischen Bilder senden würde. (192, weiblich, 22 Jahre, Alter zur Tat 18 Jahre).

Andere Formen von Grenzverletzungen mit sexuell traumatisierendem Charakter

„ein Arzt wollte mich untersuchen, ich lag auf dem gyn.Stuhl und dann kam der Prof. und brachte 8 Menschen (wohl Medizinstudenten) und allealle drangen mit Instrumenten in mich ein. Es war der Horror, der in mir ein Trauma auslöste."(1032, 64 Jahre, divers, Alter zur Tat 23 Jahre, Täter 50 Jahre).
„Jungs da war ich zwischen 7 und 10 haben in der Sportumkleide mich immer wieder gewaltsam nackt ausgezogen und sich über mich und meine Reaktionen lustig gemacht. Es wurde auch versucht auf meine Geschlechtsorgane zu schlagen. Als Anmerkung, bin AMAB." (1152, divers, 29 Jahre, Alter zur Tat 7 Jahre, Täter 8 Jahre).

Zum Alter der Betroffenen:

Ein Viertel der Befragten (24%) erinnert einen sexuellen Übergriff in der Kindheit, Männer (32%) häufiger als Frauen (23% - vgl. Tab. 4.1.2.). Das sind die (relativ unabhängig vom konkreten Delikt) strafrechtlich relevanten Fälle sexuellen Missbrauchs von Kindern. Knapp ein weiteres Viertel (22%) schildert Übergriffe im Jugendalter, etwa die Hälfte der Befragten im (überwiegend jungen) Erwachsenenalter. Neben der Kindheit ist das junge Erwachsenenalter (18-24 Jahre) die biografische Phase mit einem erhöhten Aufkommen markanter sexueller Übergriffserlebnisse.

%	alle Erlebnisse			
(n-kA)	weiblich	männlich	divers	gesamt
	(1017)	(207)	(73)	(1297)
Bis 13 Jahre	23	32	23	24
14/15 Jahre	11	7	9	10
16/17 Jahre	12	13	11	12
18-24 Jahre	36	25	40	35
25-30 Jahre	12	13	11	12
31 Jahre und älter	6	10	4	7
Gesamt	100	100	100	100

4.2 Charakteristik der Täter*innen

In Bezug auf die Täter*innen beim einprägsamsten Erlebnis wurden Geschlecht, Alter und Bekanntheit erfasst.

Insgesamt sind über 90% der Täter*innen männlich, die Frauen geben zu 98% männliche Täter an, jeder vierte Mann (27%) berichtet von einem Übergriff durch eine Frau. Zu 63% erfolgten die berichteten Erlebnisse durch bekannte Täter*innen, also in der Familie, im sozialen Umfeld oder in der Partnerschaft, ergo erfolgten 37% der beschriebenen Erlebnisse durch Fremdtäter*innen (Tab. 4.2.1.).

Tab. 4.2.1. Tätercharakteristik – Geschlecht und Bekanntheit

%	Geschlecht Täter*in		Bekanntheit Täter*in	
Betroffene (n-kA)	weiblich	männlich	bekannt	unbekannt
weiblich (1085)	2	98	63	37
männlich (224)	27	71	59	41
divers (77)	5	90	75	25
gesamt (1385)	6	93	63	37

(Diverse Täter*innen sind nicht ausgewiesen, vgl. Tabellenband, S.216)

Für die strafrechtliche wie die psychologische Beurteilung von Übergriffen im Kindes- und Jugendalter spielt das Täter*innenalter eine gewisse Rolle (so sind z.B. kindliche Täter noch nicht strafmündig und die Altersdifferenz zwischen Opfer und Täter gibt Hinweise auf ein Machtgefälle). 12% aller Übergriffserlebnisse in der Kindheit wurden ebenfalls von Kindern verübt, weitere 20% von Jugendlichen. Ein Viertel aller Erlebnisse im Jugendalter wurden ebenfalls von Jugendlichen verübt (Tab. 4.2.2.). Folglich wurden drei Viertel der Übergriffe im Jugendalter von Erwachsenen ausgeübt. Die berichteten Übergriffe in der Kindheit wurden zu zwei Dritteln von erwachsenen Täter*innen verübt.

Je jünger die Betroffenen, desto häufiger sind die Täter*innen bekannt, drei Viertel aller Übergriffe in der Kindheit erfolgen durch bekannte Personen aus dem familiären oder sozialen Nahraum (Tab. 4.2.2.).

Tab. 4.2.2. Tätercharakteristik – Alter und Bekanntheit nach Alter der Betroffenen

%	Alter Täter*in			Bekanntheit Täter*in „ja"
Betroffene (n-kA)	Bis 13 Jahre	14-17 Jahre	18 und älter	
Bis 13 Jahre (318)	12	20	68	74
14-17 Jahre (302)	1	23	76	63
18 und älter (710)	-	2	98	59

4.3 Wahrnehmung des Erlebten, Mitteilung an Dritte, Anzeigeverhalten

Sexuelle Übergriffe werden häufig nicht oder erst mit einigem zeitlichen Abstand als solche wahrgenommen. Diese Erkenntnis, die dazu führt, sich Dritten mitzuteilen (oder die durch das Gespräch mit Dritten entsteht), ist Voraussetzung dafür, sich Hilfe zu holen, ggf. Anzeige zu erstatten, das Geschehene zu verarbeiten.

Das erfragte biografisch einprägsamste Erlebnis wurde ca. von der Hälfte der Befragten (52%) sofort als Übergriff erkannt, von Frauen häufiger als von Männern (54% : 43%), vice versa von Männern häufiger erst später als von Frauen (49% : 44%). Immerhin 8% der Männer bewerten das einprägsamste Erlebnis auch aus heutiger Sicht gar nicht als sexuellen Übergriff (weiblich 2%; vgl. Tab 4.3.1.)

Tab. 4.3.1: Wahrnehmung als sexueller Übergriff

% (n-k.A.)	weiblich (1088)	männlich (224)	divers (77)	gesamt (1390)
ja, sofort	54	43	49	52
ja, aber erst später	44	49	50	45
nein	2	8	1	3

Je jünger die Betroffenen, desto seltener wird ein Übergriff unmittelbar als solcher wahrgenommen. Nur knapp 40% der Übergriffe in der Kindheit wurden als solche wahrgenommen, im Erwachsenenalter sind es im Durchschnitt zwei Drittel (Tab. 4.3.2.). Die Altersabhängigkeit der Wahrnehmung wird durch differenzierte Analyse einerseits bestätigt: Betroffene bis 9 Jahre nehmen am seltensten (nur zu 32%) den Übergriff als solchen sofort wahr – andererseits gibt es im Jugendalter, insbesondere mit 14 und 15 Jahren eine größere Unsicherheit bei der Beurteilung sexueller Erlebnisse als in der späten Kindheit. Das könnte damit zusammenhängen, dass (ältere) Kinder hierzulande i.d.R. um ihren strafrechtlichen Schutz wissen, während Jugendliche unsicherer sind, wie sie sexuelle Erlebnisse einzuschätzen haben.

Tab. 4.3.2: Wahrnehmung als Übergriff nach Alter beim Übergriff

% (n-k.A.)	-13 Jahre (319)	14-15 J. (135)	16-17 J. (166)	18-24 J. (458)	25-30 J. (160)	über 30 J. (94)
ja, sofort	39	33	49	59	67	70
ja, aber erst später	57	64	49	39	32	26
nein	4	3	2	2	1	4

Die Wahrnehmung als Übergriff wird maßgeblich davon beeinflusst, ob der/die Täter*in dem Opfer bekannt ist. Taten durch Unbekannte werden zu 70% sofort als solche wahrgenommen, die durch Bekannte lediglich zu 41% (Tab. 4.3.3.).

Die Deliktspezifik spielt bei der Wahrnehmung als Übergriff eine vergleichsweise geringe Rolle. Die i.d.R. schwerwiegenderen Hands-on-Delikte werden nicht häufiger direkt als Akt sexueller Gewalt wahrgenommen, weil sie häufiger von bekannten Tätern ausgehen.

Tab. 4.3.3.: Wahrnehmung als Übergriff nach Bekanntheit des Täters und Deliktcharakteristik

% (n-k.A.)	Täter*in		Delikt	
	bekannt (872)	**unbekannt (362)**	**Hands on (1051)**	**Hands off (287)**
ja, sofort	41	70	52	55
ja, aber erst später	56	28	47	39
nein	3	2	2	6

58% der Betroffenen haben sich nach dem Übergriffserlebnis jemandem anvertraut (61% der betroffenen Mädchen/Frauen, 43% der betroffenen Jungen/Männer/ vgl. Tabellenband S. 215). Die Mitteilung an Dritte hat historisch enorm zugenommen: Wurden vor über 20 Jahren in weniger als der Hälfte aller erlebten Übergriffe Personen ins Vertrauen gezogen (42%), so sind es in den letzten Jahren fast 90% (Tab. 4.3.4. - bei Delikten in den letzten beiden Jahren 94%!). (Im Abschnitt 4.5. wird auf die Personen bzw. Institutionen, die Unterstützung geleistet haben, genauer eingegangen).

Inwieweit Personen ins Vertrauen gezogen werden (können) hängt u.a. von verschiedenen soziokulturellen Bedingungen ab: Höher Gebildete haben bessere Zugänge und Möglichkeiten und auch in der Großstadt gelingt es häufiger, sic h jemandem anzuvertrauen als im dörflichen Umfeld (Tab. 4.3.4.).

Tab. 4.3.4.: Mitteilung an Dritte – Sich jemandem anvertraut

% (n-k.A.)	Sich jemandem anvertraut „ja"
weiblich (1081)	61
männlich (223)	43
divers (77)	57
gesamt (1383)	58
Differenzierungsmerkmale für gesamt:	
Zeitlicher Abstand vom Übergriffserlebnis	
0-4 Jahre (259)	88
5-10 Jahre (272)	65
11-20 Jahre (303)	53
21 und mehr Jahre (452)	42

Schulbildung gering (51)	35
mittel (236)	46
hoch (1089)	61
Dorf (149)	45
Großstadt (859)	61

Die folgenden Ergebnisse betreffen das Anzeigeverhalten, die Häufigkeit, mit der lebensgeschichtlich bedeutsame Übergriffserlebnisse polizeilich angezeigt wurden. Ihre differenzierte Betrachtung ermöglicht die Berechnung sogenannter Dunkelfeldziffern (die Relationen von angezeigten zu nichtangezeigten Delikten); die In-Bezug-Setzung zum Hellfeld der polizeilichen Anzeigestatistik lässt Dunkelfeldschätzungen zu. (Wenngleich im Gesamtbericht weitgehend mit gerundeten Prozentwerten gearbeitet wird, werden im Folgenden Kommastellen ausgewiesen, um relevante Differenzierungen besser deutlich zu machen. Einige Differenzierungen sind aufgrund der Stichprobengröße nur bei den Frauen statistisch sinnvoll.)

Von allen lebensgeschichtlich bedeutsamen Übergriffserlebnissen wurden 7,5% angezeigt. Frauen sind nicht nur viel häufiger als Männer von sexualisierter Gewalt betroffen, sie zeigen auch - über alle Delikte hinweg – fast doppelt so häufig an (7,8% : 4,5%, Tab. 4.3.4).

Sexuelle Übergriffe im Kindesalter werden allerdings bei beiden Geschlechtern in ähnlich häufiger Weise angezeigt: bei Mädchen zu 10,2% bei Jungen zu 9% (Tab. 4.3.4.). Das Anzeigeverhalten bei sexuellem Kindesmissbrauch hat sich historisch verändert: Während die befragten Frauen über 40 Jahre Übergriffe in der Kindheit nur zu 3,5% zur Anzeige brachten, sind es unter den unter 40jährigen mit 13,9% fast viermal so viel (Tab. 4.3.4.)

Verallgemeinert: Während vor 30 Jahren nur etwa jeder fünfundzwanzigste Fall sexuellen Missbrauchs von Kindern zur Anzeige gelangte, ist es gegenwärtig etwa jeder siebte bis achte.

Tab. 4.3.4.: Anzeigehäufigkeit nach Geschlecht und Alter

(n-k.A.)	Anzeige erstattet „ja" %
gesamt (1383)	7,5
weiblich (1082)	7,8
männlich (224)	4,5
divers (77)	6,5
Alter der Betroffenen	
bis 13 Jahre weiblich (sexueller Missbrauch von Kindern) (236)	10,2
14-17 Jahre weiblich (Delikte gegenüber Jugendlichen) (243)	4,9
18-24 Jahre weiblich (375)	6,9
25 Jahre und älter weiblich (192)	9,9
bis 13 Jahre männlich (sexueller Missbrauch von Kindern) (67)	9,0
14-17 Jahre männlich (Delikte gegenüber Jugendlichen) (42)	0,0
18-24 Jahre männlich (52)	0,0
25 Jahre und älter männlich (50)	6,0
Alter bei Delikt: bis 13 Jahre weiblich	
Aktuelles Alter: 18-40 Jahre (151)	13,9
Aktuelles Alter: 41 und älter (85)	3,5
Alter bei Delikt: bis 13 Jahre gesamt	
Aktuelles Alter: 18-40 Jahre (198)	13,6
Aktuelles Alter: 41 und älter (121)	4,1

Die im Teil 1 der Berichterstattung an mehreren Stellen festgestellte größere Sensibilität der jüngeren Befragten gegenüber sexuellen Grenzverletzungen bildet sich jedoch im Anzeigeverhalten über alle Delikte hinweg nicht ab. Eine historisch generell angewachsenen Anzeigebereitschaft kann nicht festgestellt werden.

Übergriffe im Jugend- und jungen Erwachsenenalter werden bei beiden Geschlechtern nur unterdurchschnittlich häufig angezeigt (Tab. 4.3.4.).

Weitere relevante Einflussgrößen auf das Anzeigeverhalten zeigt Tab. 4.3.5. Fremdtäter werden häufiger angezeigt als bekannte Täter. Allerdings gilt diese Relation – über alle Delikte hinweg - nur für Frauen: Fremdtäter zu 13,2%, bekannte Täter lediglich zu 4,6%.

Lediglich für sexuelle Übergriffe im Kindesalter gilt für beide Geschlechter: die (seltenen) Fremdtäter werden häufiger angezeigt als die Täter aus dem familiären bzw. sozialem Nahraum.

Frauen, die gegenüber Jungen oder Männern übergriffig werden, werden seltener angezeigt (Tab. 4.3.5.).

Tab. 4.3.5.: Anzeigeverhalten nach Bekanntheit des Täters

(n-k.A.)	Anzeige erstattet „ja" %
Täter*in bekannt - gesamt (870)	4,5
Täter*in unbekannt - gesamt (513)	11,7
Täter*in bekannt - weiblich (679)	4,6
Täter*in unbekannt - weiblich (403)	13,2
Täter*in bekannt - männlich (133)	4,5
Täter*in unbekannt - männlich (91)	4,4
Täter*in bekannt – bis 13 Jahre -gesamt (234)	7,7
Täter*in unbekannt – bis 13 Jahre - gesamt (84)	16,7
Täter*in bekannt – bis 13 Jahre - weiblich (167)	7,8
Täter*in unbekannt – bis 13 Jahre - weiblich (68)	16,2
Täter*in bekannt – bis 13 Jahre - männlich (52)	5,8
Täter*in unbekannt – bis 13 Jahre - männlich (15)	20,0
Betroffene männlich: Täter*in weiblich (59)	1,7
Betroffene männlich: Täter*in männlich (150)	5,7

Die konkreten Delikte werden – in Abhängigkeit von der Geschlechterposition und der Bekanntheit des Täters - sehr unterschiedlich häufig angezeigt. Hands-on-Delikte werden seltener angezeigt als Hands-off-Delikte, was damit zusammenhängt, dass erstere häufiger von bekannten, letztere häufiger von fremden Tätern begangen werden.

Die größte Anzeigehäufigkeit existiert bei exhibitionistischen Übergriffen durch Fremdtäter. Hier wird jede fünfte Tat (21,2%) durch betroffene Frauen angezeigt. Am zweithäufigsten – aber schon deutlich seltener - (zu 14,5%) angezeigt werden Vergewaltigungen durch Fremdtäter.

Die deutlichste Geschlechterdifferenz im Anzeigeverhalten ergibt sich hinsichtlich der ungewollten Konfrontation mit Nacktbildern bzw. Pornografie. Für Jungen bzw. Männer ist das kein Anlass zu einer Anzeige, für Mädchen/ Frauen sehr wohl.

Tab. 4.3.6.: Anzeigeverhalten nach Delikt

(n-k.A.)	Anzeige erstattet „ja" %
Hands-on-Delikte – gesamt (1048)	6,4
Hands-off-Delikte – gesamt (286)	10,1
Delikte - weiblich:	
Pornos/ Nacktbilder gezeigt (87)	13,8
Ungewolltes Zeigen von Geschlechtsteilen (337)	13,4
Ungewolltes Küssen/ Begrabschen (744)	7,3
Erzwungene sexuelle Handlungen (393)	8,1
Täter*in unbekannt – Geschlechtsteile gezeigt - weiblich (146)	21,2
Täter*in bekannt – Geschlechtsteile gezeigt - weiblich (191)	7,3
Täter*in unbekannt – erzwungene sexuelle Handlungen - weiblich (55)	14,5
Täter*in bekannt – erzwungene sexuelle Handlungen - weiblich (337)	7,1
Delikte - männlich:	
Pornos/ Nacktbilder gezeigt (26)	0,0
Ungewolltes Zeigen von Geschlechtsteilen (66)	7,6
Ungewolltes Küssen/ Begrabschen (138)	2,2
Erzwungene sexuelle Handlungen (84)	6,0

4.4 Retrospektive Beurteilung des Anzeigeverhalten

Die Verarbeitung sexueller Übergriffe hängt von vielen Faktoren ab. Selbst wenn die Erlebnisse strafrechtliche Relevanz haben, führt eine Anzeige nicht zwingend zur Verbesserung der Situation des/der Betroffenen. Umgekehrt kann eine Nichtanzeige sich im Nachhinein als richtig oder falsch erweisen.

Von den 99 Befragten, die seinerzeit ein Delikt zur Anzeige gebracht hatten, sagen 88, dass diese Entscheidung aus heutiger Sicht richtig war. Nur wenige betrachten die Anzeige im Nachhinein als einen Fehler. Von den 1261 Nichtanzeigern hält die Mehrheit von 58% (728) das für richtig, aber immerhin 42% (533) hadern mit der seinerzeitigen Entscheidung. Männer halten die Nichtanzeige eher für richtig (68%) als Frauen (55%/ Tab. 4.4.1.)

Tab. 4.4.1.: Retrospektive Beurteilung des Anzeigeverhaltens nach Geschlecht

% (n-k.A.)	angezeigt- richtig	angezeigt – falsch	nicht angezeigt- richtig	nicht angezeigt- falsch
Weiblich (1065)	88	12	55	45
Männlich (219)	90	10	68	32
Divers (76)	100	0	59	41
Gesamt (1360)	89	11	58	42

Bevor Faktoren und Bedingungen der retrospektiven Bewertung einer Nichtanzeige betrachtet werden, einige qualitative Aussagen derjenigen Befragten, die eine Anzeige erstattet haben.

Bewertung der Anzeigen:

Die wenigen, die ihre Anzeige im Nachhinein als falsch ansehen, tun das, weil die Anzeige im Sande verlief, ihnen nicht geglaubt wurde, sie respektlos behandelt wurden, das Ermittlungsgeschehen retraumatisierend wirkte oder die Anzeige gegen ihren Willen erfolgte:

„Damals wollte ich Gerechtigkeit, da ich sehr unter dem Erlebnis gelitten habe und immer noch leide. Die Entscheidung zur Anzeige bereue ich im Nachhinein, weil ich mich durch die Polizisten nicht ernst genommen gefühlt habe und dort wenig Einfühlungsvermögen vorhanden war. Die Anzeige wurde eingestellt." (605, weiblich, 21 Jahre, Alter zur Tat: 14 Jahre, Täter 20 Jahre, aktueller Leidensdruck stark).

„Ich habe das Erlebnis jahrelang verdrängt. Als es wieder hochkam und ich es mit therapeutischen Gesprächen zu einer Anzeige geschafft hatte, ging es mir kurzzeitig besser. Jedoch wurde die Anzeige fallen gelassen, da meine Aussagen für die Staatsanwaltschaft zu ungenau waren. Jedoch hätte man bedenken sollen, dass 8 Jahre dazwischen lagen!" (3494, weiblich, 26 Jahre, Alter zur Tat 10 Jahre, Täter 30 Jahre, aktueller Leidensdruck kaum).

„die freundin, welcher ich mich anvertraut hatte sagte, ich müsse unbedingt direkt zur polizei. bereut habe ich es weil ich wie dreck behandelt wurde und am ende die anzeige fallen gelassen wurde" (3835, weiblich, 20 Jahre, Alter zur Tat 20 Jahre, Täter 27 Jahre, aktueller Leidensdruck stark).

„Erst der Zwang ihn anzeigen zu müssen. Dann die Angst, ihn dadurch wiederzusehen" (2774, weiblich, 20 Jahre, Alter zur Tat 20 Jahre, Täter 32 Jahre, aktueller Leidensdruck sehr stark).

„Ich habe mich einem Freund anvertraut, der Polizist war und gegen meinen Willen Anzeige erstattet hat. (1319, weiblich, 44 Jahre, Alter zur Tat 26 Jahre, Täter 32 Jahre, aktueller Leidensdruck kaum).

„Die Polizei konnte mir nicht helfen, da ich keine Beweise hatte, dass Geschlechtsverkehr ohne Einverständnis stattfand. Für mich war diese Anzeige somit nur ein Teil der Traumatisierung." (3195, weiblich, 38 Jahre, Alter zur Tat 25 Jahre, Täteralter unbekannt, aktueller Leidensdruck kaum).

Angesichts der verbreiteten Skepsis gegenüber der Sinnhaftigkeit von Anzeigen ist hervorzuheben, dass 90% aller Anzeigen im Nachhinein als richtig bewertet werden. Das ist der Fall, wenn die Betroffenen vor der Anzeige ihr Einverständnis geben konnten und wenn sie von Helfenden und Ermittlungspersonen gut behandelt wurden. Die Richtigkeit der Anzeige wird zumeist begründet mit der Bestätigung eines Gerechtigkeitsempfindens und damit, den Täter gestoppt und weitere Taten verhindert zu haben.

 Zu einigen konkreten Aussagen:

„Ich habe ein positives Verhältnis zur Polizei gewonnen, da sie sehr freundlich und zuvorkommend waren und ich kann mir sicher sein, dass der Mann keiner anderen Person sowas antun wird, wenn er gefunden wird." (3307, weiblich 23 Jahre, Alter zur Tat 21, Täter 35 Jahre, aktueller Leidensdruck kaum)

„Es war für mich völlig klar, dass zu erzählen, meine Eltern haben die Polizei in Rücksprache mit mir gerufen. Das war aber keine Entscheidung im eigentlichen Sinn, ich war im Schock, weinte und zitterte" (622, weiblich 36 Jahre, Alter zur Tat 12 Jahre, Täter 19 Jahre, aktueller Leidensdruck überhaupt nicht)

„Es ist auf dem Schulweg passiert. Meine Lehrerin hat es sofort bemerkt als ich in der Schule ankam. Sie hat sofort die Polizei gerufen und mich bei dem Gespräch begleitet. Wirklich super ernst genommen und perfekt gehandelt. Das hat mir geholfen auch als Übergriff zu sehen und zu verarbeiten." (197, weiblich, 29 Jahre, Alter zur Tat 12 Jahre, Täter 50 Jahre, aktueller Leidensdruck überhaupt nicht)

„Das Wissen, dass ich im Recht bin und nichts falsch gemacht habe. Der Wille, andere Frauen* vor den 2 Tätern zu schützen. Selbstermächtigung und diese Erfahrung nicht mit mir selbst auszumachen. Kein Opfer auf Lebenszeit sein zu wollen, sondern eine lebendige Frau, die an einem Tag ihres Lebens harte Gewalt erfahren hat, deren Geist jedoch kein Mann brechen kann. Durch die Anzeige auch für mich klare Unterscheidung zwischen Gewalt/Vergewaltigung und Sexualität." (142, weiblich, 30 Jahre, Alter zur Tat 19 Jahre, Täter 30 Jahre, aktueller Leidensdruck stark)

„Das es auch in der Ehe nicht zu solchen Übergriffen kommen darf" (1799, weiblich, 62 Jahre, Alter zur Tat 45 Jahre, Täter 48 Jahre, aktueller Leidensdruck stark).

„Das er nicht noch andere Menschen belästigt" (2616, weiblich, 20 Jahre, Alter zur Tat 16 Jahre, Täter 65 Jahre, aktueller Leidensdruck kaum).

„dass der täter ohne strafe davon kommt. hauptsächlich aber auch, dass er konsequenzen daraus zieht und es nicht mehr bei anderen versucht" (1544, weiblich, 36 Jahre, Alter zur Tat 35 Jahre, Täter 45 Jahre, aktueller Leidensdruck stark).

„An mir wurde seit ich mich erinnern kann sexuelle, sadistische Übergriffe begangen. Mit 16 erstmals der Versuch der Anzeige (von Polizisten nicht ernst genommen). Mit 19 Jahren zusammen mit einer Anwältin erneut angezeigt. Ich war soooo sauer! Ich wollte Gerechtigkeit oder zumindest berichten, was vorgefallen war. Mein Vater näherte sich ständig anderen Kindern. Ich wollte dies stoppen. In meinem Fall gab es viele „Sachbeweise" und sogar Zeugen. Mein Vater wurde 1992 nach 3 Jahren Verfahrensdauer, mehrfach verlorenen Akten, massiver Belästigung / Bedrohung durch Polizisten und die Freunde meines Vaters tatsächlich verurteilt. Das gab mir viel Kraft und ein gutes Gefühl! Die Welt ist doch echt gut! Ich musste allerdings eine Weile untertauchen und mein Name wurde geändert. Mein Vater äußerte auch vor Gericht (wie gut für mich!) dass er mich töten werde. Dennoch: Die Welt an sich ist gut! Und die meisten Menschen darin auch. Dahin zu kommen half mir der Prozess!" (2781, weiblich, 51 Jahre, Alter zur Tat 7 Jahre, Täter 31 Jahre, aktueller Leidensdruck kaum).

„Ich wollte, dass keiner anderen Person sowas durch den Täter noch ein-mal passiert - das Gefühl dass ich ´Macht´ habe" (372, weiblich, 26 Jahre, Alter zur Tat 22 Jahre Täter 35 Jahre, aktueller Leidensdruck kaum).

Bewertung der Nichtanzeigen

Die retrospektive Bewertung der Richtigkeit/ Falschheit der Nichtanzeige variiert stark in Abhängigkeit vom Alter beim Übergriffserlebnis: Je jünger die Befragten zum Zeitpunkt des sexuellen Übergriffs waren, desto eher bezeichnen sie die Nichtanzeige aus heutiger Sicht als falsch (Tab. 4.4.2.).

Tab.4.4.2.: Beurteilung der Nicht-Anzeige nach Alter beim Übergriff

% (n-k.A.)	nicht angezeigt-richtig	nicht angezeigt- falsch
weiblich bis 13 Jahre (207)	35	65
weiblich 14-17 Jahre (227)	53	47
weiblich 18-24 Jahre (341)	64	36
weiblich 25-30 Jahre (172)	67	33
männlich bis 13 Jahre (58)	48	52
männlich 14-17 Jahre (41)	61	39
männlich 18-24 Jahre (51)	78	22
männlich 25-30 Jahre (47)	92	8

Hinter diesem Zusammenhang steht u.a., ob die Kinder jemanden ins Ver-trauen ziehen konnten, ihnen durch Dritte Glauben geschenkt wurde. Be-troffene Kinder werden die Entscheidung für oder gegen eine Anzeige i.d.R. nicht selbst getroffen haben. Ein selbstbestimmter Entschluss bzw. die Einbeziehung in die Entscheidung erhöht die Zufriedenheit mit der Nicht-Anzeige (Belege zu dieser Erklärung in den qualitativen Antworten weiter unten).

Unabhängig vom Alter beim Delikt gilt: Wenn sich die Betroffenen nach dem Erlebnis jemandem anvertrauen konnten, wird die Nichtanzei-ge in höherem Maße als richtig bewertet (Tab.4.4.3.)

Tab.4.4.3.: Beurteilung der Nicht-Anzeige nach Vorhandensein einer Vertrauensperson

% (n-k.A.)	nicht angezeigt-richtig	nicht angezeigt- falsch
weiblich Vertrauensperson ja (575)	63	37
weiblich Vertrauensperson nein (403)	45	55
Männlich Vertrauensperson ja (85)	75	25
männlich Vertrauensperson nein (123)	64	36

Jüngere Befragte sind mit der Nichtanzeige tendenziell zufriedener als ältere (Tab. 4.4.4.). Möglicherweise haben die Jüngeren ihre Entscheidungen reflektierter getroffen.

Tab.4.4.4,: Beurteilung der Nicht-Anzeige nach Lebensalter

% (n-k.A.)	nicht angezeigt-richtig	nicht angezeigt- falsch
weiblich 18-24 Jahre (146)	65	35
weiblich 25-30 Jahre (270)	62	38
weiblich 31-40 Jahre (313)	52	48
weiblich 41-50 Jahre (119)	43	57
weiblich über 50 Jahre (133)	49	51
männlich 18-24 Jahre (17)	94	6
männlich 25-30 Jahre (34)	71	29
männlich 31-40 Jahre (55)	66	34
männlich 41-50 Jahre (51)	63	37
männlich über 50 Jahre (52)	67	33

Mit zeitlichem Abstand vom Übergriffserlebnis wird die Bewertung der Nichtanzeige kritischer gesehen (Tab. 4.4.4.). Bei diesem Zusammenhang könnte es sich einerseits um Umdeutungen aufgrund biografischen Abstands handeln (späte Einsichten, dass Anzeige möglich gewesen wäre), Andererseits wird ein historischer Wandel abgebildet: Die weiter zurück liegenden nichtangezeigten Übergriffe werden aus heutiger Sicht häufiger als anzeigewürdig wahrgenommen.

Tab.4.4.4.: Beurteilung der Nicht-Anzeige nach zeitlichem Abstand vom Übergriffserlebnis

% (n-k.A.)	nicht angezeigt-richtig	nicht angezeigt- falsch
weiblich 0-4 Jahre (192)	71	29
weiblich 5-10 Jahre (205)	65	35
weiblich 11-20 Jahre (231)	54	46
weiblich 21 und mehr Jahre (319)	42	58
männlich 0-4 Jahre (31)	97	3
männlich 5-10 Jahre (29)	79	21
männlich 11-20 Jahre (31)	77	23
männlich 21 und mehr Jahre (106)	56	44

Diese kritische Sicht (Anzeige wäre besser gewesen) resultiert im Übrigen nicht aus einem anhaltenden Leidensdruck. Die Tendenz ist sogar gegenläufig: Mit zeitlichem Abstand vom Erlebnis/ steigendem Lebensalter wird der Leidensdruck geringer (siehe Abschnitt 4.6.), während die Unzufriedenheit mit der damaligen Nichtanzeige zunimmt. Diese Unzufriedenheit ist also nicht Ausdruck unverarbeiteten Leids, sondern vielmehr eines durch den gesellschaftlichen Diskurs individuell angewachsenen Gerechtigkeitsempfindens.

Qualitative Antworten:

Begründungen für Nicht-Anzeigen, die aus heutiger Sicht als falsch beurteilt werden (Auszüge aus 472 Begründungen – die Auswahl, Abfolge und thematische Gliederung von Aussagen hat in diesem Bericht vorläufigen Charakter – differenziertere Analysen stehen noch aus):

Historisch veränderter Diskurs über sexualisierte Gewalt – die Beurteilung der Nichtanzeige aus heutiger Sicht als falsch spiegelt veränderte gesellschaftliche Bedingungen wider:

„Vor 44 Jahren.... wurde über sowas nicht gesprochen......und wenn es wie bei mir......der Chef meines Vaters war......schon mal gar nicht." (1576, weiblich, 53 Jahre, Alter zur Tat 10 Jahre, Täter 40, aktueller Leidensdruck stark).

„Vor zwanzig jahren ist man als mann nicht zur polizei gegangen um sowas anzuzeigen Jetzt hoffentlich schon" (1064, männlich 41 Jahre, Alter zur Tat 20, Täter 21, aktueller Leidensdruck überhaupt nicht).

„Es war der Partner und die Zeiten noch so, dass dies nicht mal richtig verfolgt/aufgenommen worden wäre. Außerdem Angst vor dem Partner im Falle einer Anzeige" (2167, weiblich, 43 Jahre, Alter zur Tat 20 Jahre, Täter 23 Jahre, aktueller Leidensdruck kaum).

„Ich dachte, es wäre meine Schuld, weil ich sehr betrunken war. Ich habe erst im Zuge der me too Debatte der letzten Jahre verstanden, dass ich Opfer und nicht Täterin war." (2633, weiblich, 31 Jahre, Alter zur Tat 15 Jahre, Täter 17 Jahre, aktueller Leidensdruck kaum).

„Veränderungen in der Gesellschaft, Diskussionen um sexuelle Gewalt" (3092, weiblich, 35 Jahre, Alter zur Tat 24 Jahre, Täter 30 Jahre, aktueller Leidensdruck kaum).

Fremdbestimmung, es wurde kein Glauben geschenkt, Entscheidung trafen andere, Verhinderung der Anzeige durch andere:

„Ich habe mich meiner Mutter anvertraut. Es war ein Freund der Familie. Sie sagte ich hätte mir das nur eingebildet oder ausgedacht und ich solle kein Drama machen." (2607, weiblich 22 Jahre, Alter zur Tat 14 Jahre, Täter 45 Jahre, aktueller Leidensdruck kaum).

„Ich entschied es nicht selbst. Meine Mutter glaubte mir nicht." (1521, weiblich, 43 Jahre, Alter zur tat 12 Jahre, Täter 62 Jahre, aktueller Leidensdruck kaum).

„Meine Mutter hat keine Anzeige erstattet. Sie sagte, dass sie selber sexuelle Gewalt erfahren habe und man das schon verkrafte...." (1357, weiblich, 48 Jahre, Alter zur Tat 9 Jahre, Täter 60 Jahre, akt. Leidensdruck stark).

„Meine Eltern. Ich war selbst viel zu jung um das alles richtig zu verstehen und es wurde gesagt, es sei meine Schuld und ich darf niemanden darüber etwas erzählen." (männlich, 25 Jahre, Alter zur Tat 4 Jahre, Täter 12 Jahre, aktueller Leidensdruck stark).

„Meine Eltern haben das so entschieden, nach Beratung durch die Polizei (ich war nicht dabei). Es hieß, dass ich dadurch nur Nachteile hätte." (3152, weiblich, 54 Jahre, Alter zur Tat 15 Jahre, Täter 48 Jahre, aktueller Leidensdruck stark).

„Niemand in meinem Umfeld hat den Vorfall so richtig ernst genommen und sich auf meine Seite gestellt." (105, weiblich, 29 Jahre, Alter zur Tat 16 Jahre, Täter 25 Jahre, aktueller Leidensdruck kaum).

„Von der Polizei wurde mir davon abgeraten (da ich Alkohol getrunken hatte, die KO-Tropfen aufgrund der langen Wartezeit bei der Polizei - über 6h - nicht mehr nachweisbar waren und "Aussage gegen Aussage stünde")" (215, weiblich, 25 Jahre, Alter zur Tat 24 Jahre, Täter 45 Jahre, aktueller Leidensdruck kaum).

„Polizei sagte damals "Das sind familiäre Streitigkeiten. Da mischen wir uns nicht ein." (4006, weiblich 50 Jahre, Alter zur tat 16 Jahre, Täter 54 Jahre, aktueller Leidensdruck kaum).

„Polizei hat von Anzeige abgeraten. Heute weiß ich, was richtig gewesen wäre. Polizisten waren zu unerfahrenen." (2299, weiblich, 54 Jahre, Alter zur Tat 23 Jahre, Täter 35 Jahre, aktueller Leidensdruck kaum).

„Ich war bei der Polizei, aber mit 16 noch total überfordert. Ich wusste nicht wo ich anfangen soll und sagte zunächst, mein Vater habe mich häufiger "geschlagen und so". Der ältere Polizeibeamte sah mich lange an und fragte dann, ob ich nicht meine, ich hätte das in der Situation vielleicht verdient, weil ich etwas angestellt habe. Da wurde mir schlecht und ich dachte daran dass meine älteren Halbschwestern ihn auch schon mal angezeigt hatten (nach 1,5 Jahren Prozess - In dubio Freispruch). Also dachte ich, der glaubt mir eh nicht und ich lasse es lieber. Also antwortete ich "Wahrscheinliche schon". Dann hat er das Blatt mit der begonnenen Anzeige zerrissen und ich bin gegangen. Heute wäre ich selbstsicherer und würde meine Anzeige direkt bei der StA machen, aber die Taten sind mittlerweile verjährt." (751, weiblich, 28 Jahre, Alter zur Tat 14 Jahre, Täter 44 Jahre, aktueller Leidensdruck stark).

Überzeugung, dass Polizei nicht hilfreich ist:

„Es wäre unangenehm deswegen die Polizei aufzusuchen, Die Polizei betrachtet man eher als Helfer in Sachen Diebstahl, Mord, Körperverletzung". (4149, weiblich, 20 Jahre, Alter zur Tat 20 Jahre, Täter 25 Jahre, aktueller Leidensdruck kaum).

„Polizei ist nicht vertrauenswürdig, handelt nicht in meinem Interesse, schlimmstenfalls Gegenanzeige." (2456, weiblich, 21 Jahre, Alter zur Tat 19 Jahre, Täter 25 Jahre, aktueller Leidensdruck kaum).

„Bei der Polizei wäre es nicht als "schlimm genug" eingestuft worden, sodass sich sowieso niemand darum gekümmert hätte. Wir hatten auch schon Erfahrungen mit Stalking gemacht, auch hier wurde nicht eingegriffen, da nichts "passiert" ist, das "schlimm genug" war." (980, weiblich, 22 Jahre, Alter zur Tat 17 Jahre, Täter 50 Jahre, aktueller Leidensdruck kaum).

„Sowas geht nie durch und ist erniedrigend, weil man sich immer wieder erklären und rechtfertigen muss (nicht gewehrt etc.)." (3393, weiblich, 23 Jahre, Alter zur Tat 19 Jahre, Täter 28 Jahre, aktueller Leidensdruck kaum).

Unwissenheit, Unsicherheit, Manipulation, Schamgefühle, Gefühl der Mitschuld:

„Unwissenheit, Unsicher; der Gedanke, dass es meine Schuld ist und es sich "so gehört"; emotionale Manipulation vom Täter" (2858, weiblich, 29 Jahre, Alter zur Tat 16 Jahre, Täter 20 Jahre, aktueller Leidensdruck kaum).

„Unwissenheit, dass ein dickpic mit erfolg angezeigt werden kann" (536, weiblich, 28 Jahre, Alter zur Tat 27 Jahre, Täter 50 Jahre, aktueller Leidensdruck kaum).

„Unwissen über weiteres Vorgehen bzgl. einer Anzeige, fehlende Bestärkung durch Vertrauensperson" (1327, weiblich, 29 Jahre, Alter zur Tat 20 Jahre, Täter 60 Jahre, aktueller Leidensdruck überhaupt nicht).

„Unsicherheit und meine eigene Nacktheit. Das Schamgefühl und die Befürchtung zu hören "Du bist selber schuld daran. du lagst nackt auf der Wiese." Schlechte Beratung von Bekannten." (3196, weiblich, 55 Jahre, Alter zur Tat 30 Jahre, Täter 35 Jahre, aktueller Leidensdruck überhaupt nicht).

„Angst, Mutter zu enttäuschen (sie weiß bis heute nichts davon)." (1655, weiblich 20 Jahre, Alter zur Tat 12, Täter 60 Jahre, aktueller Leidensdruck stark).

Täterschutz (vor allem bei bekanntenTäter*innen):

„Ich wollte dem*der Täter*in keine Schuld zuweisen." (4109, weiblich, 19 Jahre, Alter zur Tat 17 Jahre, Täter 50 Jahre, aktueller Leidensdruck sehr stark).

„Er ist meinem Umfeld bekannt. Er hat Kinder. Wir haben gemeinsame Bekannte. Ich wollte es damals zum Teil auch." (255, divers, 22 Jahre, Alter zur Tat 17 Jahre, Täter 36 Jahre, aktueller. Leidensdruck stark).

„Er war der Bruder meiner damals besten Freundin und ich wollte ihre Familie nicht zerstören." (136, weiblich 22 Jahre, Alter zur Tat 12 Jahre, Täter 14 Jahre, aktueller Leidensdruck kaum).

„Täter war ein beliebter junger Mann aus einem meiner Freundeskreise, er kannte viele Leute aus meiner Heimat, war typischer "Sunnyboy", ich habe ihn angehimmelt" (2518, weiblich 28 Jahre, Alter zur Tat 15 Jahre, Täter 17 Jahre, aktueller Leidensdruck stark).

In dieser Kategorie zur Begründung der Nicht-Anzeige finden sich auch viele Aussagen zu Entscheidungen, die aus heutiger Sicht als richtig bewertet werden, z.B.:

„Er war mein Lehrer und sein zweites Kind war gerade auf die Welt gekommen." (232, weiblich, 20 Jahre, Alter zur Tat 16 Jahre Täter 33 Jahre, aktueller Leidensdruck kaum).

„Sie war meine damalige Partnerin." „(122, männlich, 21 Jahre, Alter zur Tat 19 Jahre, Täterin 18 Jahre, aktueller Leidensdruck überhaupt nicht).

„Er war der damalige Chef meiner Eltern und ein gern gesehener Freund unserer Familie." (2587, weiblich, 23 Jahre, Alter zur Tat 16 Jahre, Täter 50 Jahre, aktueller Leidensdruck kaum).

Begründungen für Nicht-Anzeigen, die aus heutiger Sicht als richtig bewertet werden (Auszüge aus 648 Begründungen – die Auswahl, Abfolge und thematische Gliederung von Aussagen hat in diesem Bericht vorläufigen Charakter – differenziertere Analysen stehen noch aus):

„es war kein Übergriff in dem Sinne, sondern "nur" Sex innerhalb der Partnerschaft auch wenn ich keine Lust darauf hatte. Mein Partner hat das nicht erzwungen aber ich habe meine Unlust nicht geäußert, weil ich dachte, dass ich dann eine schlechtere Partnerin wäre. Ich dachte, es gehört zur weiblichen Rolle dazu, eine gute sexuelle Performance abzulegen." (2879, weiblich, 29 Jahre, Alter zur Tat 26 Jahre, Täter 29 Jahre, aktueller Leidensdruck kaum).

„Es war mein (aktueller) Partner. Mir war es wichtiger, es mit ihm zu klären und die Beziehung zu erhalten. Ich glaube, wenn ich die Polizei eingeschaltet hätte, dann hätte ich einerseits weniger Ressourcen gehabt, es für mich selbst zu verarbeiten und andererseits hätte es alles noch größer und gewichtiger gemacht."(2652, weiblich, 32 Jahre, Alter zur Tat 26 Jahre, Täter 30 Jahre, aktueller Leidensdruck kaum).

„Es war innerhalb einer Partnerschaft. Es war zwar ein deutlicher sexueller Übergriff, aber im Graubereich. Nicht deutlich/eindeutig als Vergewaltigung zu definieren." (1517, weiblich, 53 Jahre, Alter zur Tat 35 Jahre, Täter 47 Jahre, aktueller Leidensdruck überhaupt nicht).

„Es war für mich nachhaltig nicht "so schlimm", dass es mir dadurch schlecht ging oder ich Angst hatte. Ich empfand es als unpassend und belästigend, jedoch nicht so, dass ich es hätte anzeigen wollen damals. Jetzt im Nachhinein würde ich mir wünschen, dass ich das Thema damals im Austauschprogramm angesprochen hätte, damit so etwas in der Zukunft vermieden werden kann." (1215, weiblich, 26 Jahre, Alter zur Tat 15 Jahre, Täter 55 Jahre, aktueller Leidensdruck überhaupt nicht).

„Es passierte in einer Partnerschaft. Ich schlief und wachte auf davon, dass mein Partner in mich eindrang. Es hat viele Jahre gedauert bis ich verstand, dass das kein einvernehmlicher Sex war und sich mein dumpfes

Gefühl einen Übergriff erlebt zu haben als Gefühl annehmen konnte und nicht mehr die Schuld an dem Gefühl bei mir suchte. In einer polizeilichen Untersuchung würde ich denken wäre es nicht einfach gewesen glaubhaft zu machen, dass es sich dabei um einen Übergriff gehandelt hat. Ich hatte nicht nein gesagt oder so… dafür war es zu schnell vorbei und ich zu perplex."(950, weiblich, 34 Jahre, Alter zur Tat 20 Jahre, Täter 19 Jahre, aktueller Leidensdruck überhaupt nicht).

„Es ist lächerlich, daß ein Mann von einer Frau zum Verkehr gezwungen wird." (3083, männlich, 49 Jahre, Alter zur Tat 22 Jahre, Täterin 19 Jahre, aktueller Leidensdruck überhaupt nicht).

Annahme der geringen Erfolgswahrscheinlichkeit/ Sinnhaftigkeit der Anzeige/Taten im Ausland:

„Es hat mich nicht nachhaltig beschäftigt oder gar traumatisiert, es wäre unmöglich gewesen, den Täter zu finden" (746, männlich, 29 Jahre, Alter zur Tat 27 Jahre Täter 30 Jahre, aktueller Leidensdruck überhaupt nicht).

„Es handelte sich um eine sehr kurze Situation und ich wäre nicht ernst genommen worden. Wäre mir auch zu stressig erschienen" (3025, weiblich 35 Jahre, Alter zur Tat 22 Jahre, Täter 25 Jahre, aktueller Leidensdruck überhaupt nicht).

„Es gibt kein Gesetz, dass Upskirting verboten ist in Deutschland, solang die Person den Inhalt nicht vervielfältigt. Demzufolge wäre eine Anzeige erfolglos geblieben." (3317, weiblich, 25 Jahre, Alter zur Tat 25 Jahre, Täter 40 Jahre, aktueller Leidensdruck kaum).

„wieso anzeigen wenn es aussage gegen aussage steht? es gibt genug fälle die angezeigt wurden und bei denen das opfer verloren hat" (3325, weiblich, 20 Jahre, Alter zur Tat 16 Jahre, Täter 18 Jahre, aktueller Leidensdruck kaum).

„Vorherige Recherche zum Ermittlungsprozess. Befürchtung das mir nicht geglaubt wird. Psychische Belastung Alles immer wieder erzählen müssen. Geringe Erfolgsaussichten bei Prozess. Schamgefühl" (2681, weiblich, 36 Jahre, Alter zur Tat 36 Jahre, Täter 38 Jahre, aktueller Leidensdruck stark).

„Täter in der Menge schnell wieder aus den Augen verloren, Grapscherei-en auf der Tanzfläche werden sowieso meist nicht zur Anzeige gebracht" (3173, weiblich 23 Jahre, Alter zur Tat 21 Jahre, Täter 25 Jahre, aktueller Leidensdruck überhaupt nicht).

„party, alkohol, alle anderen haben das sofort banalisiert - hätte keinen support bekommen das wäre alles viel schmerzhafter gewesen" (2780, weiblich, 27 Jahre, Alter zur Tat 18 Jahre, Täter 26 Jahre, aktueller Leidens-druck überhaupt nicht).

„Es war ein eskaliertes Rape Game. Zunächst war ich einverstanden, dass kippte und er hat das safeword ignoriert. Ich hatte keine Angaben zur Identität und die Beweisführung wäre schwierig bis unmöglich gewesen." (1539, männlich, 35 Jahre, Alter zur Tat 29 Jahre, Täter 45 Jahre, aktueller Leidensdruck überhaupt nicht).

„Ereignis hat im Ausland stattgefunden und ich wusste, dass in diesem Land eine Anzeige wegen sexueller Nötigung bzw. Vergewaltigung nichts gebracht hätte." (993, weiblich, 39 Jahre, Alter zur Tat 35 Jahre, Täter 32 Jahre, aktueller Leidensdruck kaum).

Umgehen der unangenehmen Erinnerung/ Selbstschutz:

„Ich wollte es einfach vergessen und nicht das es jemand weiteres er-fährt." (4117, männlich, 19 Jahre, Alter zur Tat 17 Jahre, Täter 25 Jahre, aktueller Leidensdruck kaum).

„Es hätte mir nichts gebracht, außer mich mehr mit dem Fall beschäftigen zu müssen." (2941, weiblich, 19 Jahre, Alter zur Tat 18 Jahre, Täter 30 Jahre, aktueller Leidensdruck überhaupt nicht).

„Wäre es zu einer Anzeige meinerseits gekommen, hätte ich meinen damaligen Job aufs Spiel gesetzt." (3283, weiblich, 32 Jahre, Alter zur Tat 26 Jahre, Täter 38 Jahre, aktueller Leidensdruck kaum).

Angst vor Reaktion des sozialen Umfeldes (Victim Blaming)

„Ich komme vom Dorf und hätte mich niemals mit den Reaktionen konfrontieren können, wenn das andere Leute erfahren hätten. Außerdem hab ich das damals überspielt und mir eingeredet, es sei normal gewesen." (739, weiblich, 21 Jahre, Alter zur Tat 18 Jahre, Täter 18 Jahre, aktueller Leidensdruck kaum).

„In der damaligen Zeit in einer katholischen Kleinstadt wäre eine Anzeige eine Katastrophe gewesen." (72, weiblich, 70 Jahre, Alter zur Tat 18 Jahre, Täter 45 Jahre, aktueller Leidensdruck überhaupt nicht).

„eigene Wahrnehmung als "kein Übergriff", eigene Schuldzuweisung, Angst vor Konsequenzen (auch von Eltern), kein Raum mehr für weitere Probleme in Familie"(3182, weiblich, 24 Jahre, Alter zur Tat 16 Jahre, Täter 24 Jahre, aktueller Leidensdruck sehr stark).

4.5 Inanspruchnahme von Hilfe und weitere Unterstützungsbedarfe

Weiter oben wurde festgestellt, dass sich 61% der Mädchen/Frauen, 43% der Jungen/Männer und 57% der diversen Personen, die ein besonderes Übergriffserlebnis berichteten, jemandem anvertraut haben. Weiter wurde erfragt: Inwieweit haben Sie Hilfe und Unterstützung bei der Bewältigung dieses Erlebnisses erhalten? 45% der weiblichen, 25% der männlichen und 61% der diversen Betroffenen bestätigen, Hilfe erhalten zu haben (Tab. 4.5.1.). Das zeigt, dass nicht jede ins Vertrauen gezogene Person sich als hilfreich erwiesen hat. Nur eine Minderheit der Befragten (etwa jede sechste Frau, jeder achte Mann und die knappe Hälfte der Personen mit diverser Geschlechtsidentität) hätte gern weitere Hilfe. Die Personen mit diverser Geschlechtsidentität nehmen überdurchschnittlich häufig Hilfen in Anspruch, sind aber ebenso überdurchschnittlich hilfebedürftig, was auf ihre erhöhte Vulnerabilität hinweist und eventuell. auch auf besondere Herausforderungen der Hilfe für diese Personengruppe. Unter den diversen Personen, die Hilfe erhalten haben möchten die Hälfte weitere Hilfe, unter den Männern mit Hilfeerfahrung hat ein Drittel weiteren Bedarf, unter den Frauen ein Viertel (Tab. 4.5.1.).

Tab. 4.5.1.: Inanspruchnahme von Hilfe und weitere Unterstützungsbedarfe nach Geschlecht

% „Ja" (n-k.A.)	weiblich (1073)	männlich (220)	divers (74)	gesamt (1367)
Ich habe bereits Hilfe bekommen.	45	25	61	43
Ich hätte gern weitere Hilfe.	17	13	45	18
Typenbildung:				
Bereits Hilfe erhalten und weiterer Bedarf	11	7	30	11
Bereits Hilfe erhalten und kein weiterer Bedarf	32	17	30	30
Noch keine Hilfe, aber Bedarf	7	7	14	7
Noch keine Hilfe erhalten und auch kein Bedarf	50	69	26	52

Wer sich nach dem einprägsamsten Erlebnis jemandem anvertraut bzw. Hilfe erhalten hat, wurde gefragt: Haben Sie durch die nachfolgenden Personen bzw. Institutionen Hilfe und Unterstützung erhalten? In Tab.4.5.2. werden die Personen bzw. Institutionen dargestellt, durch die die Befragten Unterstützungen erfuhren.

Die wichtigsten Ansprechpartner*innen für Betroffene sexualisierter Gewalt sind Freund*innen (70 %) und Partner*innen (44 %). Es ist nicht überraschend, dass es das persönliche Umfeld ist, das als vertrauensvoll und sicher empfunden wird, um die Erfahrungen sexualisierter Gewalt und Grenzverletzung zu teilen. Während für Mädchen/ Frauen der Freundinnenkreis am wichtigsten ist, bereden Jungen/Männer ihre Probleme häufiger mit Partnerin oder Partner. Was die professionelle Unterstützung betrifft, ist festzustellen, dass insgesamt jede fünfte Person Unterstützung durch eine Fachberatungsstelle (15 %) und/oder durch Sexualpädagog*innen (5 %) erfährt.

Mehr als ein Viertel (27 %) erfährt anderweitig Unterstützung. In den offenen Nennungen wird am häufigsten die Psychotherapie angegeben. Weitere Unterstützung erfahren Betroffene durch Ärtz*innen und durch die Aufarbeitung in Selbsthilfegruppen mit anderen Betroffen bzw. anderen Gesprächsgruppen zu diesem Thema und durch die persönliche Auseinandersetzung mit dem Erlebten. Die Polizei wird sehr selten genannt – siebenmal unter 246 Nennungen.

Die Frage nach der erfahrenen Unterstützung wurde von den Befragten z.T. auch auf die unmittelbare Übergriffssituation bezogen. So wurden weitere Personen benannt, die durch ihr Eingreifen die Situation auflösen konnten bzw. kurz danach hinzukamen und die Betroffenen aufgefangen und begleitet haben.

Tab. 4.5.2.: Ansprechpartner*innen für Hilfe und Unterstützung nach Geschlecht

% (n-k.A.)	weiblich (767)	männlich (113)	divers (56)	gesamt (936)
Freund*innen	72	46	86	70
Partner*innen	42	50	58	44
Mutter	21	15	18	20
Fachberatungsstelle	15	10	23	15

Geschwister	13	5	11	12
Vater	10	10	9	10
Kolleg*innen	7	4	6	7
andere Verwandte	7	3	0	6
Sexualpädagog*innen	4	7	6	5
Lehrer*innen	3	4	4	4
Vorgesetzte	3	0	4	3
andere	26	21	52	27

Es liegt auf der Hand, dass betroffene Kinder andere Hilfspersonen nutzen als Erwachsene. Kinder (Alter beim Delikt bis 13 Jahre – Tab. 4.5.2. wenden sich häufiger an ihre Eltern, ihnen wird auch häufiger durch Fachberatungsstellen Hilfe zuteil. Erwachsene Betroffene erfahren häufiger Unterstützung durch Kolleg*innen. Gleichwohl ist die Rangreihung der hilfreichen Personen und Institutionen über die verschiedenen Altersgruppen der Betroffenen hinweg ganz ähnlich. Freund*innen und Partner*innen (die überwiegend gleichaltrigen peer groups) sind die am häufigsten genannten Vertrauens- und Hilfspersonen. Wichtig ist hierbei, dass es bei diesen Ansprechpartner*innen ja nicht nur um die unmittelbar im Zusammenhang mit dem Erlebnis einbezogenen Personen geht, sondern auch um hilfreiche Kontakte z.T. Jahre nach dem Erlebnis.

Der hohe Anteil der „anderen" Hilfspersonen/ -institutionen im Zusammenhang mit Übergriffserlebnissen in der Kindheit betrifft vor allem Psychotherapie.

Tab. 4.5.2.: Ansprechpartner*innen für Hilfe und Unterstützung nach Alter beim Delikt

% (n-k.A.)	Bis 13 Jahre (200)	14-17 Jahre (187)	18-24 Jahre (326)	25 Jahre u. ält. (188)
Freund*innen	48	70	82	75
Partner*innen	42	36	46	50
Mutter	34	24	16	9
Fachberatungsstelle	24	10	11	14
Geschwister	14	8	15	11
Vater	19	15	7	3
Kolleg*innen	1	1	8	17
andere Verwandte	9	7	3	5

Sexualpädagog*in-nen	7	6	3	3
Lehrer*innen	4	7	2	1
Vorgesetzte	1	1	4	6
andere	46	27	19	21

4.6 Aktueller Leidensdruck

Erlebnisse sexualisierter Gewalt führen nicht automatisch zu Traumatisierungen, aber sie sind in der Regel lebensgeschichtlich bedeutsam und können auch noch nach Jahren das Leben insgesamt beeinflussen und insbesondere partnerschaftliche Sexualität überschatten. Der erfragte aktuelle Leidensdruck bezogen auf das biografisch einprägsamste Übergriffserlebnis ist zentrales Kriterium für den Grad einer gelungenen Verarbeitung bzw. einer problematischen (Nicht-)Verarbeitung des Erlebten.

Nur eine Minderheit der Befragten leidet sehr stark bzw. stark am Übergriffserlebnis: 18% der Frauen, 10% der Männer, 27% der Diversen (Tab. 4.6.1.). Andererseits sind aber auch nur 36% der Frauen und nur 20% der Personen mit diverser Identität völlig ohne Leidensdruck, bei Männern ist es mit 61% die Mehrheit. Die Geschlechterdifferenz und die überdurchschnittlich hohe Betroffenheit der Personen mit diverser Identität deuten darauf hin, dass Leidensdruck in den Kontext anderer Diskriminierungserfahrungen und daraus resultierender Sensibilität für Grenzverletzungen eingebunden ist.

Tab. 4.6.1: Leiden am einprägsamsten Erlebnis nach Geschlecht

% (n-k.A.)	weiblich (1083)	männlich (223)	divers (77)	gesamt (1383)
sehr stark	4	1	5	3
stark	14	9	22	14
kaum	46	28	53	44
überhaupt nicht	36	61	20	39

Fragestellung: „Wie stark leiden Sie gegenwärtig unter diesem Erlebnis?"

Wovon hängt die Stärke des Leidensdrucks ab? Tab. 4.6.2. liefert einen Überblick über die Einflussstärke verschiedener Charakteristika des Übergriffserlebnisses anhand von Korrelationskoeffizienten. Weiter unten werden die ermittelten Zusammenhänge in tabellarischen Differenzierungen abgebildet.

Tab. 4.6.2.: Einflussgrößen auf den aktuellen Leidensdruck im Überblick

Korrelationskoeffizient r	Leidensdruck	
	weiblich	**männlich**
Erzwungene sexuelle Handlungen	.36	.33
Ungewolltes Zeigen von Geschlechtsteilen	.15	.23
Pornos/ Nacktbilder gezeigt	.12	.08
Ungewolltes Küssen/ Begrabschen	.11	-.03
Täter bekannt/ unbekannt	.24	.23
Alter beim Übergriff	.12	.22
Lebensalter	.15	.09
Anzeige erstattet/ nicht erstattet	.08	.09
Entscheidung falsch/richtig	.22	.29

Den stärksten Leidensdruck verursachen erzwungene sexuelle Handlungen, also orale, vaginale oder anale Vergewaltigungen. Das betrifft – auf unterschiedlichem Niveau - beide Geschlechter gleichermaßen. Jede dritte Frau (34%) und jeder fünfte Mann (19%) sind dadurch nachhaltig stark belastet (Tab. 4.6.3.). Auch erlebte exhibitionistische Handlungen sind verstörend, verbleiben bei Frauen wie Männern im Gedächtnis (hier wie da sind die Täter männlich). Die Konfrontation mit Pornografie oder Nacktbildern und Erfahrungen, bedrängt und begrabscht zu werden, sind nur für Frauen systematisch belastend.

Tab. 4.6.3.: Leidensdruck in Abhängigkeit vom Delikt

% (n-k.A.)	Leidensdruck	
	Sehr stark/stark	**überhaupt nicht**
Erzwungene sexuelle Handlungen		
weiblich ja (393)	34	20
weiblich nein (661)	8	46

	19	42
männlich ja (84)	19	42
männlich nein (134)	5	73
Ungewolltes Zeigen von Geschlechts-teilen		
weiblich ja (336)	26	31
weiblich nein (725)	13	38
männlich ja (65)	14	43
männlich nein (150)	9	71
Pornos/ Nacktbilder gezeigt		
weiblich ja (87)	35	28
weiblich nein (969)	16	37
Ungewolltes Küssen/ Begrabschen		
weiblich ja (744)	20	33
weiblich nein (322)	12	42

Ein großer Belastungsfaktor ist die Bekanntheit des Täters. Wer Übergriffe durch Personen aus dem familiären bzw. sozialen Nahfeld erlebt, leidet stärker. Auch das gilt für beide Geschlechter (Tab. 4.6.4.).

Tab. 4.6.4.: Leidensdruck in Abhängigkeit von Bekanntheit des Täters

% (n-k.A.)	Leidensdruck	
	Sehr stark/stark	überhaupt nicht
weiblich Täter bekannt (680)	24	29
weiblich Täter unbekannt (402)	7	48
männlich Täter bekannt (133)	14	51
männlich Täter unbekannt (90)	6	77

Übergriffserlebnisse in der Kindheit wirken stärker nach als solche in späteren Jahren (Tab. 4.6.5.). Jedes vierte missbrauchte Mädchen (27%) und jeder fünfte missbrauchte Junge (19%) leiden langfristig stark.

Tab. 4.6.5.: Leidensdruck in Abhängigkeit vom Alter beim Übergriffserlebnis

% (n-k.A.)	Leidensdruck	
	Sehr stark/stark	überhaupt nicht
weiblich bis 13 Jahre (235)	27	28

weiblich 14-17 Jahre (244)	16	39
weiblich 18-24 Jahre (375)	13	37
weiblich 25 Jahre u. älter (192)	17	39
männlich bis 13 Jahre (67)	19	45
männlich 14-17 Jahre (41)	5	61
männlich 18-24 Jahre (52)	8	73
männlich 25 Jahre u. älter (50)	2	74

Die seit dem Übergriffserlebnis vergangene Zeit ist überraschender Weise kein Kriterium für Leidensdruck. Allerdings zeigt sich – nur bei den Frauen – ein Zusammenhang zum Lebensalter: Während von den Frauen bis 24 nur jede Fünfte (19%) keinerlei Leidensdruck verspürt, ist es von den Frauen über Fünfzig mehr als die Hälfte (54%/ Tab.4.6.6.). Es ist also nicht die Zeit, die heilt, wohl aber die sich biografisch altersabhängig verändernde Lebenssituation. (Eine Erklärung hierzu liefert der an anderer Stelle der Befragung erhobene Befund, wonach sich zwei Drittel der Frauen bis 24 Jahre in ihrem Sexualverhalten durch sexuelle Gewalt verunsichert fühlen, Frauen über 50 lediglich zu 40%/ vgl. Tabellenband, S. 240). Die höhere Dynamik des sexuellen und partnerschaftlichen Lebens in jüngeren Jahren hält Erinnerungen an traumatische Erlebnisse stärker wach.

Tab. 4.6.6.: Leidensdruck in Abhängigkeit vom Lebensalter

% (n-k.A.)	Leidensdruck	
	Sehr stark/stark	**überhaupt nicht**
weiblich 18-24 Jahre (146)	22	19
weiblich 25-30 Jahre (270)	20	31
weiblich 31-40 Jahre (313)	15	36
weiblich 41-50 Jahre (119)	14	46
weiblich über 50 Jahre (133)	17	54

Die Anzeige eines Übergriffserlebnisses hat nach den vorliegenden Ergebnissen keine entlastende Wirkung auf den Leidensdruck. Personen die angezeigt haben, sind tendenziell noch belasteter gegenüber denen, die nicht angezeigt haben. Einen starken Einfluss auf den Grad der aktuellen Betroffenheit hat jedoch, ob die Nichtanzeige im Nachhinein als richtig oder falsch bewertet wird. Wenn die Nichtanzeigen als richtig eingeschätzt werden ist der Leidensdruck am geringsten (Tab. 4.6.7.).

Tab. 4.6.7.: Leidensdruck in Abhängigkeit von (Nicht)Anzeige und Bewertung

% (n-k.A.)	Leidensdruck	
	Sehr stark/stark	**überhaupt nicht**
weiblich angezeigt (84)	26	27
weiblich nicht angezeigt (998)	17	37
weiblich nicht angezeigt/richtig (543)	9	44
weiblich nicht angezeigt/falsch (437)	26	28
männlich angezeigt (10)	10	30
männlich nicht angezeigt (213)	10	63
männlich nicht angezeigt/richtig (142)	8	76
männlich nicht angezeigt/falsch (66)	17	35

Wer starken Leidensdruck verspürt braucht Hilfe, sollte Hilfe bekommen: Nach den vorliegenden Ergebnisse haben zwei Drittel (66%) der stark belasteten Frauen und die Hälfte der Männer (55%) bereits Hilfe bekommen (Tab. 4.6.8.). Ein Großteil von ihnen hat weitere Bedarfe. Hinzu kommen etwa 20% (Männer wie Frauen gleichermaßen), die trotz hohen Leidensdrucks noch keine Hilfe bekommen haben, aber gern welche hätten. Immerhin jeder sechste stark Betroffene (16%) hat keinen Hilfebedarf.

Tab. 4.6.8.: Hilfe und Hilfebedarf in Abhängigkeit vom Leidensdruck

% (n-k.A.)	Bereits Hilfe erhalten		Noch keine Hilfe erhalten	
	Bedarf ja	**Bedarf nein**	**Bedarf ja**	**Bedarf nein**
Leidensdruck				
Weiblich Sehr stark/ stark (184)	44	22	19	16
Weiblich Überhaupt nicht (364)	0	30	0	70

Männlich sehr stark/ stark (22)	32	23	18	27
Männlich überhaupt nicht (134)	1	14	2	83
gesamt sehr stark/ stark (227)	43	21	20	16
gesamt überhaupt nicht (515)	1	26	1	72

Wenn einerseits Leidensdruck zur Inanspruchnahme von Hilfe führt, so ist andererseits davon auszugehen, dass erhaltene Hilfe Leid mindert. (Die statistischen Zusammenhänge sind in beide Richtungen kausal deutbar.) Das hängt allerdings maßgeblich vom weiteren Bedarf ab. Nur diejenigen, die die bisherige Hilfe als ausreichend erlebt haben (ohne weiteren Bedarf) bekunden auch ein geringeres Belastungserleben.

Tab. 4.6.9: Leidensdruck in Abhängigkeit von bisheriger Hilfe und Hilfebedarf

% (n-k.A.)	Leidensdruck	
	Sehr stark/stark	überhaupt nicht
weiblich Hilfe ja (438)	25	26
weiblich Hilfe nein (589)	11	44
Hilfe ja und weiterer Bedarf (114)	70	1
Hilfe nein und weiterer Bedarf (67)	51	3
Hilfe ja und kein weiterer Bedarf (336)	12	32
Hilfe nein und kein weiterer Bedarf (520)	5	49

5. Fazit

Im Folgenden – anknüpfend an die unter 0. Ergebnisse auf einen Blick bereits erfolgte Zusammenfassung der Hauptergebnisse - einige verallgemeinerte Erkenntnisse zu den Berichtsteilen 1 und 2, methodenkritische Reflexionen zu Ertrag und Grenzen der Studie, sowie ein Ausblick auf weitere Auswertungen.

Historische Veränderungen/ Generationenspezifik: Die breite Altersstreuung der Studie ermöglicht Vergleiche von Altersgruppen. Auf diese Weise können historische Veränderungen abgebildet werden. Feststellbar ist eine größere Sensibilität der Jüngeren in Bezug auf sexuelle Grenzverletzungen, die nicht als angewachsene Vulnerabilität zu deuten ist, sondern als Resilienz: Der angewachsene gesellschaftliche Diskurs zum Thema verbessert Aufgeklärtheit und Reflektiertheit. Er verhindert keine Grenzverletzungen, aber erleichtert das Sprechen darüber, ermöglicht Betroffenen die Mitteilung an Dritte, die Inanspruchnahme von Hilfen und mindert so das traumatische Potenzial von erlebten Übergriffen.

Geschlechtsspezifik: Die Studie bestätigt weitgehend bekannte Differenzierungen, vor allem die größere Betroffenheit von Mädchen und Frauen durch sexualisierte Gewalt gegenüber Männern. Der Vergleich mit Personen diverser Geschlechtsidentität führt zum (ebenfalls bekannten) Befund, dass diese Gruppe zumeist noch häufiger und stärker von Übergriffen betroffen ist als Frauen. In einigen Teilbereichen (bei der Betrachtung der Dynamik partnerschaftlicher Gewalt oder der Auswirkungen sexueller Gewalt in der Kindheit) treten Geschlechtsspezifika in den Hintergrund.

Regionalität: Die Studie bietet aus statistischer Sicht durchaus einige Möglichkeiten der Prüfung von Unterschieden in verschiedenen Bundesländern, die aber keinen praktisch relevanten Ertrag erbringen. So sind zu Zeiten der deutschen Wiedervereinigung noch konstatierte Ost-West-Unterschiede in der Wahrnehmung sexueller Gewalt (eine größere Sensibilität der westdeutschen/ vgl. Weller 2020, S. 74) nach 30 Jahren nicht mehr feststellbar. Andere regionale (und soziokulturelle) Differenzierungen, etwa Stadt-Land-Unterschiede, erweisen sich als relevanter.

Dunkelfeld/ Dunkelziffer: Die Bestimmung des Gesamtaufkommens verschiedener sexueller/ sexualisierter Grenzverletzungen durch Lebenszeitprävalenzen ist möglich, steht aber unter dem Vorbehalt der selbstselektiven nicht repräsentativen Stichprobe. Gut möglich sind differenzierende Aussagen zu verschiedenen Einflussfaktoren (Geschlechts-, Bildungs-, Herkunftsunterschiede...). Die Bestimmung von Dunkelziffern über die Bestimmung des Anzeigeverhaltens bezogen auf das biografisch einprägsamste Erlebnis versucht einen neuartigen methodischen Zugang und liefert relevante Ergebnisse, z.B. zum historischen Anstieg der Anzeigen bei sexuellen Übergriffen in der Kindheit.

Weitere Forschung/Praxistransfer: Die coronabedingten Veränderungen in der Durchführung der Forschung haben Auswirkungen auf die Praxisrelevanz der Ergebnisse. Das betrifft insbesondere die Nichtdurchführbarkeit der offline, repräsentativ und regional geplanten Jugendstudie. Andererseits ist das Ergebnispotenzial der Erwachsenenstudie mit diesem Primärbericht noch keineswegs erschöpft. In den nächsten Monaten werden weitere Auswertungen folgen.

6. Literatur

Bieneck, S., Stadler, L. & Pfeiffer, C. (2011). Erster Forschungsbericht zur Repräsentativbefragung. Sexueller Missbrauch 2011. Hannover: Kriminologisches Forschungsinstitut Niedersachsen. https://www.mosesonline.de/sites/default/files/Erster_Forschungsbericht_sexueller_Missbrauch_2011.pdf (16.10.2019).

BKA (2018). Polizeiliche Kriminalstatistik. Bundesrepublik Deutschland. Jahrbuch 2018. Band 4 Einzelne Straftaten/-gruppen und ausgewählte Formen der Kriminalität. Unter: https://www.bka.de/DE/AktuelleInformationen/StatistikenLagebilder/PolizeilicheKriminalstatistik/PKS2018/pks2018_node.html (18.01.2021).

BKA (2019) Partnerschaftsgewalt. Kriminalstatistische Auswertung – Berichtsjahr 2018.Unter: file:///C:/Users/user/Desktop/Projekt%20-%20Partner%205%20-%20Dunkelfeld/P5%20ERWACHSENE/BKA%20Partnerschaftsgewalt_2018.pdf (18.01.2021).

BMFSFJ (2014). Gewalt gegen Frauen in Paarbeziehungen. Eine sekundäranalytische Auswertung zur Differenzierung von Schweregraden, Mustern, Risikofaktoren und Unterstützung nach erlebter Gewalt. Unter: https://www.bmfsfj.de/bmfsfj/service/publikationen/gewalt-gegen-frauen-in-paarbeziehungen/80614 (18.01.2021).

BMFSFJ (2020) Sexuelle Belästigung. (https://www.bmfsfj.de/bmfsfj/themen/gleichstellung/frauen-vor-gewalt-schuetzen/sexuelle-belaestigung (Zugriff 20.11.2020).

BMFSFJ (2020): Frauen vor Gewalt schützen. Hintergrundmeldung vom 10.11.2020 https://www.bmfsfj.de/bmfsfj/themen/gleichstellung/frauen-vor-gewalt-schuetzen/haeusliche-gewalt/haeusliche-gewalt/80642 (Zugriff 20.11.2020).

Crenshaw, K. (1991). Mapping the Margins: Intersectionality, Identitiy Politics and Violence against Women of Color. Stanford Law Review Vol. 43. Stanford: Standford Law Review.Davis, A. (1983). Women, Race and Class. New York: Vintage.

de Coster, C., Wolter, S. & Yılmaz-Günay, K. (2014). Intersektionalität in der Bildungsarbeit. In M. Hawel, & S. Kalmring (Hrsg.), Bildung mit links! Gesellschaftskritik und emanzipierte Lernprozesse im flexibilisierten Kapitalismus (S. 118-135). Berlin: Rosa-Luxemburg-Stiftung.

Dreißigacker, Arne (2017). Befragung zu Sicherheit und Kriminalität. Kernbefunde der Dunkelfeldstudie 2017 des Landeskriminalamtes Schleswig-Holstein. Unter: https://kfn.de/wp-content/uploads/Forschungsberichte/FB_135.pdf (18.01.2021).

Dunkelfeldbefragung Mecklenburg-Vorpommern (2017). Erste Untersuchung zum Dunkelfeld der Kriminalität in Mecklenburg-Vorpommern. Abschlussbericht. Unter: http://www.fh-guestrow.de/doks/forschung/dunkelfeld/ Abschlussbericht_2017_11_05.pdf (18.01.2021).

Ethikkodex der Deutschen Gesellschaft für Erziehungswissenschaft (DGfE). Unter: http://www.dgfe.de/wirueber-uns/ethikkodex.html (18.01.2021).

Ethikkodex der Deutschen Gesellschaft für Soziologie (DGS) und des Berufsverbandes Deutscher Soziologinnen und Soziologen (BDS). Unter: https://soziologie. de/dgs/ethik/ethik-kodex (18.01.2021).

FRA European Union Agency for fundamental rights (2104): Gewalt gegen Frauen. Eine EU-weite Erhebung. Ergebnisse auf einen Blick. Unter: https://fra. europa.eu/sites/default/files/fra-2014-vaw-survey-at-a-glance-oct14_ de.pdf (18.01.2020).

Franzen, J. & Sauer, A. (2010). Benachteiligung von Trans*Personen. Insbesondere im Arbeitsleben.Unter:http://www.transinterqueer.org/download/Publikatio nen/benachteiligung_von_trans_personen_insbesondere_im_arbeitsleben. pdf (18.01.2021).

Linke, T. (2018). Sexualisierte Gewalt in der Familie. In: Retkowski, A., Treibel, A. & Tuider, E. (Hrsg.) Handbuch sexualisierte Gewalt und pädagogische Kontexte. Weinheim Basel: Beltz Juventa, S. 398 – 406.

LKA Niedersachsen (2018). Dunkelfeldstudie. Dritte Befragung zu Sicherheit und Kriminalität in Niedersachsen. Bericht zu Kernbefunden der Studie. Unter: file:///C:/Users/user/Desktop/Projekt%20-%20Partner%205%20-%20 Dunkelfeld/P5%20ERWACHSENE/180905_Kernbefundebericht2017.pdf (18.01.2021).

Pusch, L.F. (2015): „Sexualisierte" oder „sexuelle Gewalt"? Unter: http://www. fembio.org/biographie.php/frau/comments/sexualisierte-oder-sexuelle-gewalt/ (10.12.2020).

Seifarth, S., Ludwig, H. (2016). Dunkelfeld und Anzeigeverhalten bei Delikten gegen die sexuelle Selbstbestimmung — Ergebnisse einer Untersuchung zur Erforschung von Anzeigemotivation und Anzeigeverhalten bei sexueller Nötigung und Vergewaltigung.In Monatsschrift für Kriminologie und Strafrechtsreform. Band 99: Heft 3, 237–244.

Weller, K. (2013a). PARTNER 4. Sexualität & Partnerschaft ostdeutscher Jugendlicher im historischen Vergleich. 2013. https://www.ifas-home.de/downloads/ PARTNER4_Handout_06% 2006.pdf (07.07.2021).

Weller, K. (2013b): Jugendsexualität 2013. PARTNER 4 – Sexualität und Partnerschaft ostdeutscher Jugendlicher im historischen Vergleich. Tabellenband 2013 – 1990 – 1980. Merseburg https://www.ifas-home.de/forschung/projekte/ partner4/ (07.07.2021).

Weller, K. (2020): Reflexion der deutschen Forschung zu sexualisierter Gewalt von, an und unter Jugendlichen. In: Krolzik-Mattei, K.; Linke, T. & Urban, M (Hrsg.): Schutz von Kindern und Jugendlichen vor sexueller Traumatisierung. Gießen: Psychosozial Verlag, S. 41-53.

7. Anlagen

7.1 Online-Akquise des Fragebogens

Bundesweite Studie PARTNER 5 startet – Vergleichsuntersuchung zu Partnerschaft und Sexualität:

Der Lehr- und Forschungsbereich Angewandte Sexualwissenschaft der Hochschule Merseburg lädt alle Interessierten zur Teilnahme an der bundesweiten Studie PARTNER 5 ein. Eine Teilnahme an der Untersuchung ist voraussichtlich bis zum 30.9.2020 möglich.

PARTNER 5 ist eine historische Vergleichsuntersuchung. Sie schließt an eine sexualwissenschaftliche Forschungstradition mit vier Vorgängerstudien (aus den Jahren 1972, 1980, 1990, 2013) an und widmet sich Fragen zum sexuellen und partnerschaftlichen Verhalten und Erleben.

In besonderer Weise widmet sich die aktuelle Studie Erfahrungen mit sexueller Belästigung, anderen Grenzverletzungen und sexualisierter Gewalt. Diese Themen sind seit #MeToo und zahlreichen Aufdeckungen von sexuellem Missbrauch in Einrichtungen in den Fokus der öffentlichen und politischen Aufmerksamkeit gerückt.

Auch Fragen zu den Auswirkungen der aktuellen Beschränkungen im Rahmen der Corona-Pandemie werden thematisiert.

Die Studie PARTNER 5 richtet sich an erwachsene Personen ab 18 Jahren. Sie wird vom Ministerium für Inneres und Sport des Landes Sachsen-Anhalt gefördert. Die Untersuchung ist datenschutzrechtlich und forschungsethisch abgesichert. Die Ergebnisse der Studie fließen in die Verbesserung von Beratung und Aufklärung zu Sexualität und in Maßnahmen zur Prävention sexualisierter Gewalt ein.

Teilnahmelink zur Studie:
https://survey.hs-merseburg.de/index.php/891759?lang=de

Wissenschaftlicher Ansprechpartner:
Verantwortliche Leitung:

Prof. Dr. Heinz-Jürgen Voß
Professur Sexualwissenschaft und Sexuelle Bildung
Hochschule Merseburg FB Soziale Arbeit. Medien. Kultur
Eberhard-Leibnitz-Str. 2
06217 Merseburg

7.2 Fragebogen (Offline-Version)

**LEHR- UND FORSCHUNGSBEREICH FÜR
ANGEWANDTE SEXUALWISSENSCHAFT
AN DER HOCHSCHULE MERSEBURG
Gefördert durch das Ministerium für Inneres und Sport des Landes
Sachsen-Anhalt**

Liebe Teilnehmer/innen!
Danke, dass Sie an der wissenschaftlichen Untersuchung PARTNER 5 teilnehmen!
Die Studie richtet sich an Erwachsene **ab 18 Jahren**. Sie erforscht verschiedene Bereiche des Lebens, vor allem aber **Partnerschaft** und **Sexualität**. Hierbei geht es sowohl um die schönen **Erlebnisse**, als auch um **Grenzverletzungen** und Gewalterfahrungen.
Zu diesem Thema liegen schon einige Ergebnisse vor – bereits seit 50 Jahren werden ähnliche Studien durchgeführt. Nun soll herausgefunden werden, was sich in den letzten Jahren verändert hat. Die Ergebnisse fließen in die Verbesserung von Beratung und Aufklärung zu Sexualität und in den Schutz vor sexuellen Grenzverletzungen und sexualisierter Gewalt ein.
Bitte **unterstützen** Sie deshalb unsere Forschungsarbeit, indem Sie den Fragebogen gewissenhaft ausfüllen.

Zuvor einige Hinweise:
Das Ausfüllen dauert ca. **25 Minuten**.
Ihre Mitarbeit ist **freiwillig**. Wir bitten Sie, die Fragen **offen** und **ehrlich** zu beantworten. Ihren Namen brauchen Sie nicht zu nennen; das bedeutet, die Befragung ist **anonym**. Es kann also kein Rückschluss auf Ihre

Person erfolgen und Sie können durch Ihre Angaben weder sich selbst, noch eine andere Person belasten. Alle Angaben dienen ausschließlich der wissenschaftlichen Verwendung.

Falls Sie Erfahrungen mit sexualisierter Gewalt und Partnerschaftsgewalt gemacht haben, schätzen Sie bitte ein, ob Sie sich in der Lage fühlen, an der Befragung teilzunehmen. Es ist auch möglich, einzelne Fragen auszulassen – und letztendlich können Sie jederzeit das Ausfüllen des Fragebogens **abbrechen**. Bitte suchen Sie Rat und Unterstützung, wenn Sie sich unwohl fühlen sollten. Hier und am Ende des Fragebogens finden Sie hierfür **Unterstützungs- und Hilfsangebote**.

Das Ausfüllen des Fragebogens ist einfach:

Sie klicken die betreffenden Antworten an und nach dem Antworten jeweils auf „weiter" (rechts unten auf dem Bildschirm). Manchmal werden Sie auch aufgefordert, eine Zahl einzutragen.

Sollten Sie sich zu einer Frage nicht äußern können oder wollen, dann lassen Sie das **Kästchen einfach frei**. Einige wenige Fragen dienen als **Filter**, das heißt, sie müssen beantwortet werden, damit Sie zur nächsten Frage geleitet werden können.

Vielen **Dank** für Ihre Teilnahme.

Das Team des Forschungsbereichs
Angewandte Sexualwissenschaft
Verantwortliche Leitung:
Prof. Dr. Heinz-Jürgen Voß
Professur Sexualwissenschaft und Sexuelle Bildung
Hochschule Merseburg

Unsere Kontaktadresse: **partner5@hs-merseburg.de**

Eingangs ein paar Fragen zu Partnerschaft und Beziehung.

1. Hatten Sie bereits eine Paarbeziehung?
   1 = ja
   2 = nein
   → 2 zu **Frage 13**

2. Wie alt waren Sie, als Ihre erste feste Beziehung begann?
   Bitte direkt eintragen: z. B. 15 Jahre = 15

3. Wie viele solcher festen Beziehungen hatten Sie bisher insgesamt?
   Bitte direkt eintragen: z. B. 2 = 2

4. Kam es vor, dass Sie gleichzeitig zwei oder mehrere feste Beziehungen hatten?
   1 = ja, mehrmals
   2 = ja, einmal
   3 = nein, bin auch prinzipiell dagegen
   4 = nein, bin aber nicht prinzipiell dagegen

5. Haben Sie gegenwärtig eine feste Paarbeziehung?
   1 = ja, zu einem Partner/einer Partnerin
   2 = ja, zu mehreren Partnern/Partnerinnen
   3 = nein
   → 3 zu **Frage 13**

6. Wie sehr lieben Sie Ihre Partnerin/Ihren Partner?
   Falls Sie mehrere Partner bzw. Partnerinnen haben, denken Sie bei den folgenden Fragen an die Person, der Sie sich zurzeit am meisten verbunden fühlen.
   1 = über alle Maßen
   2 = sehr
   3= etwas
   4 = überhaupt nicht

7. Wie lange besteht die Partnerschaft schon?

Bitte versuchen Sie sich zu erinnern. Sie können die Jahre direkt eintragen.

Wenn Sie kürzer als ein Jahr in Beziehung sind, tragen Sie 0 ein.

Falls Sie mehrere Partner bzw. Partnerinnen haben, denken Sie an die Person, der Sie sich zurzeit am meisten verbunden fühlen.

8. Leben Sie mit Ihrem Partner/Ihrer Partnerin in einem gemeinsamen Haushalt?

Falls Sie mehrere Partner bzw. Partnerinnen haben, denken Sie an die Person, der Sie sich zurzeit am meisten verbunden fühlen.

1 = ja

2 = nein

9. Wie oft sehen Sie Ihren Partner/Ihre Partnerin?

Falls Sie mehrere Partner bzw. Partnerinnen haben, denken Sie an die Person, der Sie sich zurzeit am meisten verbunden fühlen.

1 = täglich oder fast täglich

2 = nur am Wochenende

3 = seltener

10. Haben Sie mit Ihrem Partner/Ihrer Partnerin schon Geschlechtsverkehr/Sex gehabt?

Falls Sie mehrere Partner bzw. Partnerinnen haben, denken Sie an die Person, der Sie sich zurzeit am meisten verbunden fühlen.

1 = ja

2 = nein

11. Hatten Sie während der jetzigen Paarbeziehung Geschlechtsverkehr/Sex mit anderen Personen?

1 = ja

2 = nein

12. Wie zufrieden sind Sie mit Ihrer Paarbeziehung?

Falls Sie mehrere Partner bzw. Partnerinnen haben, denken Sie an die Person, der Sie sich zurzeit am meisten verbunden fühlen.

Ich bin zufrieden...

1 = vollkommen

2 = mit gewissen Einschränkungen

3 = kaum

4 = überhaupt nicht

13. Wünschen Sie sich eine (neue) Paarbeziehung

1 = ja, möglichst bald

2 = ja, aber es eilt nicht

3 = nein

14. Wie ist Ihre Einstellung zu Intimkontakten außerhalb Ihrer Paarbeziehung?

1 = ja, bestimmt

2 = ja, wahrscheinlich

3 = kaum

4 = nein, keinesfalls

a. Würden Sie es tolerieren, wenn Ihre Partnerin/Ihr Partner außerhalb Ihrer Beziehung Intimkontakte hätte?

b. Würden Sie sich die Freiheit nehmen, außerhalb Ihrer Beziehung Intimkontakte einzugehen?

15. → Filter: wer keine Beziehung hat, bekommt Frage nicht (Frage 5 = nein) Bitte schätzen Sie ein in Bezug auf Ihren Partner/Ihre Partnerin:

Sie/ er ist

1 = stärker engagiert bzw. mir überlegen

2 = etwa so wie ich

3 = geringer engagiert bzw. mir unterlegen

0 = trifft nicht zu

a) Im Beruf

b) Im Haushalt

c) In der Kindererziehung

d) In der gemeinsamen Freizeitgestaltung

e) Im Geld verdienen

f) Im beruflichen Qualifikationsniveau

g) In der Intelligenz

Nun einige Angaben zu Ihrer Person.

16. In welchem Bundesland wohnen Sie?

1 = Baden-Württemberg

2 = Bayern

3 = Berlin

4 = Brandenburg

5 = Bremen

6 = Hamburg

7 = Hessen

8 = Mecklenburg-Vorpommern

9 = Niedersachsen

10 = Nordrhein-Westfalen

11 = Rheinland-Pfalz

12 = Saarland

13 = Sachsen

14 = Sachsen-Anhalt

15 = Schleswig-Holstein

16 = Thüringen

17. Wie alt sind Sie?

Bitte direkt eintragen: z. B. 31 = 31

18. Bitte geben Sie Ihr Geschlecht an!

1 = weiblich

2 = männlich

3 = divers bzw. sonstiges

19. Mit welcher Klassenstufe haben Sie die Schule abgeschlossen bzw. werden Sie die Schule abschließen?
Bitte direkt eintragen: z. B. 9. Klasse = 9

20. Filter, wenn 5 (aktuelle Partnerschaft) =ja, analog auch folgende Partnerfragen
Mit welcher Klassenstufe hat Ihr Partner/Ihre Partnerin die Schule abgeschlossen bzw. wird die Schule abschließen?
Bitte direkt eintragen: z. B. 9. Klasse = 9
0 = Das weiß ich nicht.

21. Was ist Ihre derzeitige Tätigkeit?
1 = erwerbstätig in Vollzeit
2 = erwerbstätig in Teilzeit
3 = Schule/Berufsschule
4 = Studium
5 = erwerbslos
6 = sonstiges

22. Was ist die derzeitige Tätigkeit Ihres Partners/Ihrer Partnerin?
1 = erwerbstätig in Vollzeit
2 = erwerbstätig in Teilzeit
3 = Schule/Berufsschule
4 = Studium
5 = erwerbslos
6 = sonstiges
0 = das weiß ich nicht

23. Wie bewerten Sie Ihre finanzielle Situation?
1 = sehr gut
2 = gut
3 = befriedigend
4 = ausreichend
5 = mangelhaft
6 = ungenügend

24. Was ist Ihre bisher höchste berufliche Qualifikation?

1 = ohne erlernten Beruf

2 = abgeschlossene berufliche Ausbildung (z. B. Lehre, Facharbeiter-
   abschluss)

3 = Meisterabschluss

4 = Fachschulabschluss

5 = Hochschulabschluss

**25. Was ist die bisher höchste berufliche Qualifikation Ihres Part-
ners/Ihrer Partnerin?**

1 = ohne erlernten Beruf

2 = abgeschlossene berufliche Ausbildung (z. B. Lehre, Facharbeiter-
   abschluss)

3 = Meisterabschluss

4 = Fachschulabschluss

5 = Hochschulabschluss

0 = das weiß ich nicht

26. Wie ist Ihr aktueller Familienstand? Ich bin

1= ja

2 = nein

   a) ledig

   b) verheiratet (wiederverheiratet/eingetragene Lebenspartner-
      schaft), zusammen lebend

   c) verheiratet (wiederverheiratet/eingetragene Lebenspartner-
      schaft), getrennt lebend

   c) geschieden

   d) verwitwet

27. Unabhängig von Ihrem aktuellen Familienstand: Wie würden Sie am liebsten Ihre persönliche Zukunft gestalten?
Ich würde am liebsten...

1 = heiraten/verheiratet sein.

2 = unverheiratet in Lebensgemeinschaft zusammenleben.

3 = in fester Partnerschaft aber ohne gemeinsamen Haushalt leben.

4 = ohne Partner/Partnerin leben.

28. Wo wohnen Sie zurzeit an den meisten Tagen der Woche?

1 = in eigener Wohnung/Haus/WG (Eigentum)

2 = in Wohnung/ Haus/WG zur Miete

3 = im elterlichen Haushalt mit eigenem Zimmer

4 = im elterlichen Haushalt ohne eigenes Zimmer

5 = bei den Eltern meiner Partnerin/meines Partners

6 = in einer Einrichtung mit Betreuung, im Wohnheim

7 = woanders

29. Nun zu Ihrem Haushalt.

Bitte tragen Sie die erfragte Zahl jeweils direkt ein.

a) Wie viele Personen leben insgesamt in Ihrem Haushalt?

b) Wie viele davon sind Kinder?

c) Wie viele Quadratmeter Wohnfläche stehen Ihnen insgesamt zur Verfügung?

30. Wie groß ist der Ort, in dem Sie überwiegend leben?

1= in einem Dorf

2= in einer Kleinstadt (ca. 2.000-20.000 EW)

3= in einer Mittelstadt (über 20.000-100.000 EW)

4= in einer Großstadt (über 100.00 EW)

31. Wie oft sind Sie in ihrem Leben bisher umgezogen (Wechsel des Hauptwohnsitzes)?

Bitte direkt eintragen:

32. Nun zu Kindern und Kinderwunsch.

Bitte direkt eintragen. Keine Kinder = 0, 1 Kind = 1.

Falls Sie (noch) keine klaren Vorstellungen haben, tragen Sie 99 ein.

a. Wie viele eigene Kinder haben Sie?

b. Wie viele Kinder würden Sie am liebsten haben bzw. hätten Sie am liebsten gehabt?

Nun einige Fragen zu Ihrer Kindheit und Jugend.

33. Bei wem sind Sie überwiegend aufgewachsen?

1 = bei den Eltern

2 = bei der Mutter und deren Partner/Partnerin

3 = bei dem Vater und dessen Partner/Partnerin

4 = nur bei der Mutter

5 = nur beim Vater

6 = bei den Großeltern

7 = außerhalb der Familie (z.B. Kinderheim, WG)

8 = woanders

34. Wo sind Sie überwiegend aufgewachsen?

1 = in Deutschland

2 = im Ausland

34 offen: Filter 34 = 2 Bitte geben Sie das Land an.

35. Mit wie vielen Geschwistern sind Sie gemeinsam aufgewachsen?

Bitte direkt eintragen: z. B. 3 = 3

36. Sind Sie religiös erzogen worden?

1 = nein

2 = ja, evangelisch

3 = ja, katholisch

4 = ja, muslimisch

5 = ja, jüdisch

6 = ja, in einer anderen Glaubensrichtung

37. Wie würden Sie Ihre heutige Weltanschauung bezeichnen?

Ich bin ...

1 = atheistisch (Ich glaube nicht an Gott.)

2 = religiös

3 = anderer Auffassung

4 = in dieser Frage noch unentschieden

38. Wenn am nächsten Sonntag Bundestagswahl wäre und Sie wären wahlberechtigt: Welche Partei würden Sie wählen?

1 = CDU

2 = SPD

3 = Bündnis 90/Die Grünen

4 = Die Linke

5 = FDP

6 = AfD

7 = eine andere Partei

8 = Ich würde nicht wählen.

Alle folgenden Fragen zu Ihren Eltern beziehen sich auf die Erwachsenen, mit denen Sie überwiegend in ihrer Familie aufgewachsen sind. Erinnern Sie sich bitte an Ihre Situation im Elternhaus, als Sie Kind waren (jünger als 15 Jahre).

39. Inwieweit traf das Folgende in Ihrer Familie zu?

Antworten Sie jeweils mit: Das traf zu...

1 = völlig

2 = mit gewissen Einschränkungen

3 = kaum

4 = überhaupt nicht

0 = Vater/Mutter war damals nicht da

a) Meine Eltern waren liebevoll und zärtlich zueinander.

b) Mein Vater war liebevoll und zärtlich zu mir.

c) Meine Mutter war liebevoll und zärtlich zu mir.

d) Meine Mutter vermied es, sich vor mir nackt zu zeigen.

e) Mein Vater vermied es, sich vor mir nackt zu zeigen.

f) Mit meinem Vater konnte ich über alles sprechen, was Liebe und Sexualität betraf.

g) Mit meiner Mutter konnte ich über alles sprechen, was Liebe und Sexualität betraf.

40. Wie oft traf das Folgende in Ihrer Familie zu?

Antworten Sie jeweils mit: Das traf zu...

1 = oft

2 = hin und wieder

3 = selten

4 = nie

0 = Vater/Mutter war damals nicht da.

a) Meine Eltern beschimpften sich.

b) Zwischen meinen Eltern kam es zu handgreiflichen Auseinander setzungen.

c) Ich wurde von den Eltern/einem Elternteil geschlagen.

Die folgenden Fragen beschäftigen sich mit Ihrer sexuellen Entwicklung.

41. Versuchen Sie sich zu erinnern: In welchem Alter haben Sie das Folgende zum ersten Mal erlebt?

Bitte das Alter direkt eintragen:

66 = Das habe ich noch nicht gemacht bzw. erlebt.

99 = An das Alter kann ich mich nicht mehr erinnern.

a) Selbstbefriedigung

b) den ersten „richtigen" Kuss

c) intime körperliche Kontakte mit einem/einer andersgeschlecht-lichen Partner/Partnerin

d) intime körperliche Kontakte mit einem/einer gleichgeschlecht-lichen Partner/Partnerin

e) den ersten Geschlechtsverkehr/Sex

Filter 41e = 66 für Fragen 42 – 48, als auch für spätere „Sexfragen"

42. Wie alt war Ihr Partner/Ihre Partnerin bei Ihrem ersten Geschlechtsverkehr/Sex?

Tragen Sie das Alter wieder direkt ein. Wenn Sie sich nicht erinnern können, tragen Sie 99 ein.

43. In welcher Beziehung standen Sie zu der Person, mit der Sie Ihren ersten Geschlechtsverkehr/Sex hatten?

Es war...

1 = meine erste feste Partnerschaft

2 = eine feste Partnerschaft, jedoch nicht die erste

3 = eine andere befreundete Person

4 = eine andere, mir bekannte Person

5 = eine mir bis dahin unbekannte Person

44. War Ihr erster Geschlechtsverkehr/Sex auch für Ihren Partner/Ihre Partnerin der erste?

1 = ja

2 = nein

0 = Das weiß ich nicht.

45. Von wem ging bei Ihrem ersten Geschlechtsverkehr/Sex die Initiative aus?

1 = mehr von meinem Partner/meiner Partnerin

2 = mehr von mir

3 = von uns beiden

46. Erfolgte der erste Geschlechtsverkehr/Sex gegen Ihren Willen?

1 = ja

2 = nein

47. War der erste Geschlechtsverkehr/Sex für Sie ein Erlebnis, das Sie stark beeindruckt hat?

1 = ja, (eher) angenehm

2 = ja, (eher) unangenehm

3 = nein, eigentlich nicht

48. Haben Sie beim ersten Geschlechtsverkehr/Sex für Verhütung gesorgt?

1 = ja, ich

2 = ja, mein Partner/meine Partnerin

3 = ja, wir beide

4 = nein

0 = Das weiß ich nicht mehr.

Die folgenden Fragen beziehen auf Ihre Erfahrungen und Einstellungen zu Sexualität.

49. Haben Sie das Folgende schon ausprobiert?

Antworten Sie jeweils mit...

1 = ja, mehrmals

2 = ja, einmal

3 = nein, möchte aber

4 = nein, könnte ich mir aber vorstellen

5 = nein, möchte nicht

a) öffentlich nackt gebadet (FKK)

b) eine gemischte Sauna besucht

c) allein Porno-Videos angesehen

d) mit Freundinnen/Freunden Porno-Videos angesehen

e) mit Partner/Partnerin Porno-Videos angesehen

f) anonymen Sex (intime Kontakte mit unbekannter Person)

g) One-Night-Stand (einmaliger spontaner Sex)

h) Sex gegen Bezahlung

i) Oralverkehr

j) Analverkehr

k) erotische Kommunikation über Social Media

l) ein Dating-Portal genutzt

m) Sex mit zwei oder mehreren Personen gleichzeitig

n) Sexualpartner/-partnerin über das Internet kennen gelernt

o) Sex via Cam mit bekannter Person

p) Sex via Cam mit unbekannter Person

q) erotische/sexuelle Fotos oder Videos selbst hergestellt

r) eigene erotische/sexuelle Fotos oder Videos weitergegeben

s) BDSM-Praktiken

50. Inwieweit stimmen Sie den folgenden Aussagen zu?

Dem stimme ich zu...

1 = vollkommen

2 = mit gewissen Einschränkungen

3 = kaum

4 = überhaupt nicht

a) Ich kann meinen Partner/meine Partnerin sehr lieben und zugleich eine andere Person gernhaben (einschließlich Geschlechtsverkehr/ Sex)

b) Es wäre mir zuwider, mit jemanden sexuell zu verkehren, den/ die ich nicht liebe.

c) Wenn mein Partner/meine Partnerin zur Befriedigung Pornografie nutzt, ist das wie Fremdgehen.

d) Pornografie kann unrealistische Vorstellungen von Sexualität ver mitteln.

e) Wenn sich zwei Männer auf der Straße küssen, finde ich das ab- stoßend.

f) Wenn sich zwei Frauen auf der Straße küssen, finde ich das ab- stoßend.

g) Niemand sollte wegen seiner homosexuellen Neigung diskrimi- niert werden.

51. In seinen sexuellen Phantasien/Träumen oder in der gelebten sexuellen Orientierung kann man sich zum eigenen Geschlecht, zum anderen oder auch zu mehreren Geschlechtern hingezogen fühlen.
Wie ist das bei Ihnen?
a. Meine sexuellen Phantasien/Träume beziehen sich...
b. Meine gelebte sexuelle Orientierung bezieht sich...
1 = ausschließlich auf das andere Geschlecht.
2 = mehr auf das andere als auf das eigene.
3 = gleichermaßen auf das andere wie auf das eigene.
4 = mehr auf das eigene.
5 = ausschließlich auf das eigene Geschlecht.
6 = auf andere Geschlechtsidentitäten

52. Frauen können in Deutschland einen Schwangerschaftsabbruch vornehmen lassen. Haben Sie bzw. ihre jetzige oder frühere Partnerin davon schon Gebrauch gemacht?
1 = ja, mehrmals
2 = ja, einmal
3 = nein

53. Angenommen Sie/Ihre Partnerin wäre/n ungewollt schwanger geworden: Würden Sie die Möglichkeit eines Schwangerschaftsabbruchs in Anspruch nehmen?
1 = ja, wahrscheinlich
2 = ja, aber nur im äußersten Notfall
3 = nein, das lehne ich für mich ab
4 = nein, ich bin überhaupt dagegen

54. Wie stehen Sie zum Schwangerschaftsabbruch?
1 = sollte generell verboten sein
2 = sollte in Ausnahmesituationen möglich sein
3 = sollte in den ersten drei Monaten möglich sein, aber nur nach Beratung

4 = sollte in den ersten drei Monaten generell möglich sein

5 = sollte ohne Frist generell möglich sein

6 = Darüber habe ich mir noch keine Meinung gebildet.

Im Folgenden einige Fragen zu sexueller Belästigung und Gewalt.

55. Haben Sie sich schon einmal sexuell belästigt gefühlt?

Antworten Sie jeweils mit...

1 = ja, mehrmals

2 = ja, einmal

3 = nein

a) durch Worte (z. B. anzügliche Bemerkungen, Witze, Kommentare)

b) durch unerwünschte, unnötige körperliche Berührungen

c) durch sexistische/pornografische Schmierereien (z. B. Schule, Arbeitsplatz, Öffentlichkeit)

d) durch ungewollte Konfrontation mit Bildern/ Videos sexuellen Inhaltes (z. B. Pornoclips)

e) durch Exhibitionisten (zur Schau stellen der eigenen Geschlechtsteile gegenüber anderen, die dem unfreiwillig ausgesetzt sind)

f) durch Voyeuristen („beglotzt" werden, z. B. in der Sauna)

g) durch Nachrichten über Messenger-Dienste (z. B. WhatsApp, Telegram, Facebook, Messenger)

h) durch Musik (z. B. sexistischen Rap)

i) durch sexualisierte Online-Spiele

j) durch Gemälde im Museum

k) durch sexualisierte Werbung

l) durch Stalking (Belästigung durch unerwünschte Liebesbezeugungen, Geschenke u. a.)

m) durch etwas anderes

55 offen. Filter: 55 =m

Sie fühlten sich durch etwas anderes belästigt. In Stichworten: Durch was?

56. Die folgenden Fragen beschäftigen sich mit den Bereichen, in denen sexuelle Belästigung/sexuelle Gewalt erlebt werden kann.

Bitte schätzen Sie ungefähr ab, wie oft Sie selbst im schulischen Umfeld sexuelle Belästigung/sexuelle Gewalt schon erlebt haben.

Tragen Sie die Anzahl der Erlebnisse bitte direkt ein.

Wenn Sie in diesem Bereich nichts erlebt haben, tragen Sie 0 ein.

Filter: wenn >0 geantwortet wurde, erscheint Detailfrage zu jeweiligem Bereich

56 **Schule. Bitte schätzen Sie jeweils ungefähr ab, wie oft Sie dabei das Folgende erlebt haben.**
Tragen Sie die Anzahl der Erlebnisse jeweils bitte direkt ein.
a) Wie oft wurde dabei körperliche Gewalt (z. B. Festhalten, Schlagen) angewandt
b) Wie oft wurde dabei verbale Gewalt (z. B. Beschimpfen, Drohen) angewandt?
c) Wie oft wurden Sie dabei durch MitschülerInnen belästigt?
d) Wie oft wurden Sie dabei durch LehrerInnen belästigt?

57. **Bitte schätzen Sie ungefähr ab, wie oft Sie selbst im beruflichen Umfeld (bzw. in Hochschule oder Berufsschule o.ä.) sexuelle Belästigung/sexuelle Gewalt schon erlebt haben.**
Tragen Sie die Anzahl der Erlebnisse bitte direkt ein.
Wenn Sie in diesem Bereich nichts erlebt haben, tragen Sie 0 ein.

57 **Beruf. Bitte schätzen Sie jeweils ungefähr ab, wie oft Sie dabei das Folgende erlebt haben.**
Tragen Sie die Anzahl der Erlebnisse jeweils bitte direkt ein.
a) Wie oft wurde dabei körperliche Gewalt (z. B. Festhalten, Schlagen) angewandt
b) Wie oft wurde dabei verbale Gewalt (z. B. Beschimpfen, Drohen) angewandt?

c) Wie oft wurden Sie dabei durch KollegInnen, KommilitonInnen, MitschülerInnen belästigt?

d) Wie oft wurden Sie dabei durch Vorgesetzte/Lehrende belästigt?

58. Bitte schätzen Sie ungefähr ab, wie oft Sie selbst im Freizeitbereich (Sport-verein, Disco, in der Öffentlichkeit o. ä.) sexuelle Belästigung/sexuelle Gewalt schon erlebt haben.

Tragen Sie die Anzahl der Erlebnisse bitte direkt ein.

Wenn Sie in diesem Bereich nichts erlebt haben, tragen Sie 0 ein.

58 Freizeit. Bitte schätzen Sie jeweils ungefähr ab, wie oft Sie dabei das Folgende erlebt haben.

Tragen Sie die Anzahl der Erlebnisse jeweils bitte direkt ein.

a) Wie oft wurde dabei körperliche Gewalt (z.B. Festhalten, Schlagen) angewandt?

b) Wie oft wurde dabei verbale Gewalt (z.B. Beschimpfen, Drohen) angewandt?

c) Wie oft wurden Sie dabei durch Autoritätspersonen belästigt?

d) Wie oft wurden Sie dabei durch fremde Erwachsene belästigt?

e) Wie oft wurden Sie dabei durch bekannte Erwachsene belästigt?

f) Wie oft wurden Sie dabei durch andere Kinder/Jugendliche be lästigt?

59. Bitte schätzen Sie ungefähr ab, wie oft Sie selbst im familiären Umfeld (Kernfamilie) sexuelle Belästigung/sexuelle Gewalt schon erlebt haben.

Tragen Sie die Anzahl der Erlebnisse bitte direkt ein.

Wenn Sie in diesem Bereich nichts erlebt haben, tragen Sie 0 ein.

59 Familie. Bitte schätzen Sie jeweils ungefähr ab, wie oft Sie dabei das Folgende erlebt haben.

Tragen Sie die Anzahl der Erlebnisse jeweils bitte direkt ein.

a) Wie oft wurde dabei körperliche Gewalt (z. B. Festhalten, Schlagen) angewandt?

b) Wie oft wurde dabei verbale Gewalt (z. B. Beschimpfen, Drohen) angewandt?

c) Wie oft wurden Sie dabei durch Erwachsene belästigt?

d) Wie oft wurden Sie dabei durch Geschwister belästigt?

60. Bitte schätzen Sie ungefähr ab, wie oft Sie selbst über das Internet sexuelle Belästigung/sexuelle Gewalt schon erlebt haben.

Tragen Sie die Anzahl der Erlebnisse bitte direkt ein.

Wenn Sie in diesem Bereich nichts erlebt haben, tragen Sie 0 ein.

60 Internet. Bitte schätzen Sie jeweils ungefähr ab, wie oft Sie dabei das Folgende erlebt haben.

Tragen Sie die Anzahl der Erlebnisse jeweils bitte direkt ein.

a) Wie oft wurde dabei Erpressung durch Bilder und Videos angewandt?

b) Wie oft wurde dabei versucht, Sie persönlich fertig zu machen oder bloß zu stellen? c) Wie oft wurden dabei gegen Ihren Willen intime Fotos oder Videos präsentiert?

d) Wie oft gab es dabei Versuche, ein sexuelles Verhältnis anzubahnen?

→ **Filter für 61/62**

61. Wenn Sie sich erinnern: War Ihnen vorher bewusst, dass sie Grenzverletzungen durch die Nutzung der jeweiligen Online-Angebote erleben könnten?

1 = ja

2 = nein

62. Haben Sie ihr Nutzungsverhalten nach der erlebten Grenzverletzung verändert?

1 = Nein, ich habe nichts geändert.

2 = Ja, ich nutze das Angebot/die Angebote gar nicht mehr.

3 = Ja, ich habe andere Vorsichtsmaßnahmen getroffen (z.B. kein öffentliches Profil mehr).

4 = Ja, ich habe etwas anderes geändert

62 offen. Filter 62 = 4

Sie haben etwas anderes geändert. In Stichworten: Was haben Sie geändert?

Es folgen Fragen zu Gewalt in Paarbeziehungen.

Es kommt vor, dass Männer und Frauen in intimen Beziehungen ihren Partner/ihre Partnerin verbal bedrohen, schlagen oder zu sexuellen Handlungen zwingen.

→ wer aktuell in Beziehung ist (Frage 1 = ja, Frage 5 = ja), bekommt doppelte Matrix bezogen auf vergangene und aktuelle Beziehung (es könnte aber auch die erste Beziehung sein – deswegen auch Antwortoption 0 = trifft nicht zu)

63.

	vergangene Beziehung	aktuelle Beziehung
Items a - f	1 = ja, schon öfter 2 = ja, aber es blieb die Ausnahme 3 = nein 0 = trifft nicht zu	1 = ja, schon öfter 2 = ja, aber es blieb die Ausnahme 3 = nein

a. Sind Sie selbst schon einmal von Ihrer Partnerin/Ihrem Partner verbal bedroht worden ?

b. Sind Sie selbst schon einmal von Ihrer Partnerin/Ihrem Partner geschlagen worden

c. Sind Sie selbst schon einmal von Ihrer Partnerin/Ihrem Partner zu sexuellen Handlungen gezwungen worden?

d. Haben Sie selbst schon einmal Ihre Partnerin/Ihren Partner verbal bedroht?

e. Haben Sie selbst schon einmal Ihre Partnerin/Ihren Partner ge schlagen?

f. Haben Sie selbst schon einmal Ihre Partnerin/Ihren Partner zu sexuellen Handlungen gezwungen?

63 GewaltVergang.

Es folgen Fragen zu Gewalt in Paarbeziehungen.

Es kommt vor, dass Männer und Frauen in intimen Beziehungen ihren Partner/ihre Partnerin verbal bedrohen, schlagen oder zu sexuellen Handlungen zwingen.

→ **Filter: wer Beziehungserfahrung hat, aber keine aktuelle Beziehung (Frage 1 =ja, Frage 5 = nein), bekommt einfache Matrix bezogen auf vergangene Beziehung**

1 = ja, schon öfter

2 = ja, aber es blieb die Ausnahme

3 = nein

a. Sind Sie selbst schon einmal von Ihrer Partnerin/Ihrem Partner verbal bedroht worden?

b. Sind Sie selbst schon einmal von Ihrer Partnerin/Ihrem Partner geschlagen worden

c. Sind Sie selbst schon einmal von Ihrer Partnerin/Ihrem Partner zu sexuellen Handlungen gezwungen worden?

d. Haben Sie selbst schon einmal Ihre Partnerin/Ihren Partner verbal bedroht?

e. Haben Sie selbst schon einmal Ihre Partnerin/Ihren Partner geschlagen?

f. Haben Sie selbst schon einmal Ihre Partnerin/Ihren Partner zu sexuellen Handlungen gezwungen?

64. Haben Sie das Folgende erlebt?

Antworten Sie jeweils mit...

1 = ja, mehrmals/

2 = ja, einmal/

2 = nein

3

a) Mir sind Mädchen/Frauen bekannt, die durch Gewalt oder Drohung zum Geschlechtsverkehr oder anderen sexuellen Handlungen gezwungen wurden.

b) Mir sind Jungen/Männer bekannt, die durch Gewalt oder Drohung zum Geschlechtsverkehr oder anderen sexuellen Handlungen gezwungen wurden.

c) Jemand versuchte, mich zum Geschlechtsverkehr oder anderen sexuellen Handlungen zu zwingen.

d) Ich wurde zum Geschlechtsverkehr oder anderen sexuellen Handlung gezwungen.

e) Ich habe selbst versucht, jemanden zum Geschlechtsverkehr oder anderen sexuellen Handlungen zu zwingen.

f) Ich habe jemanden zum Geschlechtsverkehr oder anderen sexuellen Handlungen gezwungen.

g) Mir sind Jungen/Männer bekannt, die jemanden zum Geschlechtsverkehr oder anderen sexuellen Handlungen gezwungen haben.

h) Mir sind Mädchen/Frauen bekannt, die jemanden zum Geschlechtsverkehr oder anderen sexuellen Handlungen gezwungen haben.

Die folgenden Fragen betreffen weiterhin Erfahrungen mit sexueller Belästigung und Gewalt.

65 Filter. Gibt es ein einprägsamstes Erlebnis (sexuelle Belästigung/ sexueller Übergriff) an das Sie sich besonders erinnern?

1 = ja

2 = nein

0 = Ich hatte kein solches Erlebnis.

65. Bitte erinnern Sie sich an dieses einprägsamste Erlebnis.

→ **Filter: 65Filter = ja**

Was ist passiert?

Antworten Sie jeweils mit

1 = ja

2 = nein

Das Erlebnis erfolgte...

a) online (im Internet)

b) offline (in direktem Kontakt)

c) verbal (z.B. durch sexualisierte Sprache oder Bedrohung)

d) durch ungewolltes Zeigen von Nacktbildern/Pornografie

e) durch ungewolltes Zeigen von Geschlechtsteilen

f) durch erzwungene Küsse oder Begrabschen

g) durch andere erzwungene sexuelle Handlungen (z. B. Oralverkehr, Geschlechtsverkehr)

h) durch etwas anderes

65offen, Filter 65 = h

**Das einprägsamste Erlebnis erfolgte durch etwas anderes. In Stich-
worten: Durch was?**

66. Haben Sie das Erlebnis als Übergriff wahrgenommen?

1 = ja, sofort

2 = ja, aber erst später

3 = nein

67. Wie alt waren Sie?

Alter bitte direkt eintragen: z. B. 21 = 21

Wenn Sie sich nicht erinnern, tragen Sie 99 ein.

68. Wie alt war schätzungsweise der Täter/die Täterin

Alter bitte direkt eintragen: z. B. 21 = 21

Wenn Sie sich nicht erinnern, tragen Sie 99 ein.

69. Welches Geschlecht hatte der Täter/die Täterin?

1 = weiblich

2 = männlich

3 = divers

70. War Ihnen der Täter/die Täterin bekannt?

1 = ja

2 = nein

71. Haben Sie sich nach dem Erlebnis jemandem anvertraut?

1 = ja

2 = nein

72. Wurde polizeilich Anzeige erstattet?

1 = ja

2 = nein

73. War diese Entscheidung aus heutiger Sicht richtig?

1 = ja

2 = nein

73offen. Was hat Ihre Entscheidung beeinflusst?

74. Wie stark leiden Sie gegenwärtig unter diesem Erlebnis?

1 = sehr stark

2 = stark

3 = kaum

4 = überhaupt nicht

75. Inwieweit haben Sie Hilfe und Unterstützung bei der Bewältigung dieses Erlebnisses erhalten?

Antworten Sie jeweils mit...

1 = ja

2 = nein

a) Ich habe bereits Hilfe bekommen.

b) Ich hätte gern (weitere) Hilfe.

76. Haben Sie durch die nachfolgenden Personen bzw. Institutionen

Hilfe und Unterstützung erhalten?

→ Filter: nur wenn bei 71 oder 75 ja

1 = ja

2 = nein

a) Vater

b) Mutter
c) Geschwister
d) andere Verwandte
e) Freundinnen/Freunde
f) Partnerinnen/Partner
g) Lehrerinnen /Lehrer
h) Kolleginnen/Kollegen
i) Vorgesetze
j) Sexualpädagoginnen/Sexualpädagogen
k) Fachberatungsstelle
l) andere

76 offen. Sie haben anderweitige Unterstützung erfahren. In Stichworten: Welche anderweitige Unterstützung haben Sie erfahren? Filter: wenn 76 = l

77. Gibt es weitere Erlebnisse (abgesehen vom einprägsamsten), die Sie erst im Nachhinein als Übergriffe erkannt haben?
1 = ja
2 = nein
0 = Ich hatte keine weiteren Erlebnisse

78. Wie stark fühlen Sie sich in Ihrem Sexualverhalten durch die folgenden Aspekte verunsichert ?
Antworten Sie jeweils mit:
1 = sehr stark
2 = stark
3 = etwas
4 = überhaupt nicht
a) durch HIV/Aids
b) durch andere sexuell übertragbare Krankheiten
c) durch mögliche Bloßstellung im Internet/per Handy/im sozialen Umfeld
d) durch sexuelle Gewalt

e) durch die Möglichkeit einer Schwangerschaft
f) durch die über Pornografie vermittelten Beispiele
g) durch meine Unerfahrenheit
h) durch meine sexuelle Orientierung bzw. gesellschaftliche Normen hierzu
i) durch Probleme mit partnerschaftlicher Sexualität
j) durch etwas anderes

78 offen. Sie fühlen sich durch etwas anderes verunsichert. In Stichworten: Durch was fühlen Sie sich noch verunsichert?
→ **Filter: wenn 78 = j**

Die nächsten Fragen beschäftigen sich nochmals mit sexuellem Verhalten und Erleben.

Filter: wer bei 41e =66 (erster Geschlechtsverkehr noch nicht erlebt, bekommt Fragen 79 - 85 nicht)

79. Hatten Sie in den vergangenen zwölf Monaten Geschlechtsverkehr/Sex?
1 = ja, ziemlich regelmäßig
2 = ja, aber unregelmäßig
3 = nein
0 = Ich hatte noch keinen Geschlechtsverkehr/Sex.
→ 3 zu **Frage 82**

80. Wie oft hatten Sie in den letzten vier Wochen Geschlechtsverkehr/Sex?
Bitte direkt eintragen: z. B. 3 = 3 (Mehrere Akte bei einem Zusammensein gelten als einmal!)

81. Wie oft gelangten Sie dabei zum Orgasmus?
1 = (fast) jedes Mal
2 = in etwa Dreiviertel der Fälle

3 = in etwa der Hälfte der Fälle

4 = in etwa einem Viertel der Fälle

5 = seltener

6 = nie

82. Haben Sie schon einmal einen Orgasmus vorgetäuscht?

1 = ja, oft

2 = hin und wieder

3 = nie

83. Wie wichtig ist Ihnen beim Geschlechtsverkehr/Sex das Folgende?

Es wäre mir...

1 = sehr wichtig

2 = wichtig

3 = weniger wichtig

4 = völlig unwichtig

a) dass ich einen Orgasmus bekomme.

b) dass mein/e Partner/in einen Orgasmus bekommt.

84. Mit wie vielen Partnern/ Partnerinnen hatten Sie insgesamt schon Geschlechtsverkehr/Sex?

Bitte Anzahl direkt eintragen: z. B. 1 Partner/Partnerin = 1

85. Wie oft haben Sie in den letzten 12 Monaten das Folgende erlebt und wie stark fühlen Sie sich jeweils dadurch in Ihrem Sexualleben beeinträchtigt?

	in den letzten 12 Monaten erlebt	**beeinträchtigt mein Sexualleben**
Items a - j	1 = (fast) immer 2 = häufig 3 = selten 4 = nie 0 = trifft auf meine Art, Sex zu haben nicht zu	= sehr stark = stark = etwas = gar nicht

a) Ich habe keine Lust auf Geschlechtsverkehr/Sex.

b) Mein Partner/ meine Partnerin hat keine Lust auf Geschlechtsverkehr/Sex.

c) Ich habe Geschlechtsverkehr/Sex auf Drängen meines Partners/ meiner Partnerin.

d) Beim Geschlechtsverkehr/Sex wird das Glied zum notwendigen Zeitpunkt nicht richtig steif.

e) Beim Geschlechtsverkehr/Sex wird die Scheide nicht ausreichend feucht.

f) Der Samenerguss erfolgt schon vor dem Einführen des Gliedes.

g) Der Orgasmus erfolgt bei mir zu schnell.

h) Der Orgasmus erfolgt bei meinem Partner/meiner Partnerin zu schnell.

i) Ich habe Schmerzen beim Geschlechtsverkehr/Sex.

j) Mein Partner/meine Partnerin hat Schmerzen beim Geschlechtsverkehr/Sex.

86. Eine andere Möglichkeit, zum sexuellen Höhepunkt zu kommen, ist die Selbstbefriedigung.
An wie viel Tagen haben Sie sich in den vergangenen vier Wochen selbst befriedigt?

Anzahl der Tage bitte direkt eintragen.

Wenn Sie sich noch nie selbst befriedigt haben, tragen Sie 66 ein.

87. Wie oft nutzen Sie das Folgende zur Selbstbefriedigung?
→ Filter: wenn 86 ungleich 66

Antworten sie jeweils mit:

1 = (fast) immer

2 = häufig

3 = selten

4 = nie

a) Sex-Videos im Internet

b) kommerzielle Webcam-Angebote

c) erotische Bilder/ Videos/Geschichten

d) Sex Toys

e) meine eigene Phantasie

f) etwas anderes

**87 offen: Sie nutzen etwas anderes zur Selbstbefriedigung. In Stich-
worten: Was nutzen Sie noch anderes zur Selbstbefriedigung?**
→ Filter: wenn 87=f

Durch die Verbreitung des Coronavirus hat sich der Alltag für viele Menschen verändert. Uns interessiert in diesem Zusammenhang wie sich diese Krise auf verschiedene Bereiche Ihrer Lebenssituation, z. B. Ihre Beziehungen, ihre psychische Situation ausgewirkt hat.

**88. Wie hat sich seit Beginn der Corona-Maßnahmen in ihrem Leben
das Folgende verändert?**
Antworten Sie jeweils mit...

1 = sehr verschlechtert

2 = verschlechtert

3 = unverändert

4 = verbessert

5 = sehr verbessert

0 = trifft auf mich nicht zu

a) meine partnerschaftliche Situation

b) meine seelische Verfassung

c) meine Beziehung zu den Kindern

d) meine Beziehungen zu Freunden

e) meine Freizeitgestaltung

f) meine berufliche Situation

g) meine finanzielle Situation

**89. Gab es in diesem Befragung Fragen, die Sie nicht beantworten
konnten oder wollten?**

1= ja, mehrere

2= ja, eine

3 = nein

90. Haben Sie den Fragebogen gewissenhaft ausgefüllt?
1 = ja, vollkommen
2 = ja, mit Abstrichen
3 = nein

91. Gab es Fragen, zu denen Sie etwas kommentieren, etwas loswerden möchten?

92. Wodurch sind Sie auf die Studie PARTNER 5 aufmerksam geworden?
1 = durch Social Media über Freunde und Bekannte
2 = durch Social Media einer Institution/Einrichtung
3 = durch eine Datingplattform/Partnerbörse
4 = durch ein Forum zu Liebe und Sexualität
5 = durch ein Forum zu psychologischen Themen /Ratgeberforum
6 = durch das Forum einer Frauen-/Männerzeitschrift durch etwas anderes – bitte hier eintragen (mit Kommentarfeld)

Wir danken Ihnen vielmals für Ihre Mitarbeit!

In unserer Befragung konnten wir nur einige Themen zu Partnerbeziehungen und Sexualität anschneiden. Möglicherweise gehen Ihnen jetzt noch Fragen und Probleme durch den Kopf, über die Sie gern sprechen möchten.

Falls Sie Ihre **Situation** als **belastend** empfinden, können Sie sich telefonisch an folgende Organisationen wenden:
- Telefonseelsorge: 0800 1110111
- Nummer gegen Kummer für Kinder und Jugendliche: 116 111
- Hilfetelefon sexueller Missbrauch: 0800 22 55 530
- Elterntelefon: 0800 111 0550
- Pflegetelefon: 030 2017 9131
- Hilfetelefon "Schwangere in Not": 0800 404 0020
- Hilfetelefon "Gewalt gegen Frauen": 0800 011 6016

Weiterhin finden Betroffene von sexualisierter Gewalt oder Partner-schaftsgewalt hier **Hilfe** und **Unterstützung**. Es nicht möglich durch die Angaben sich selbst oder andere Personen zu belasten.

Wir Mitarbeiter*innen dieser Studie würden uns freuen, wenn Sie sich per E-Mail mit uns in Verbindung setzen würden. Selbstverständlich wird auch dabei Ihre Anonymität gewährleistet.

Unsere Kontaktadresse: **partner5@hs-merseburg.de**

7.3 Indikatorengliederung

Kategorie	Einzelfrage	
Partnerschaftserfahrung Partnerschaftscharakteristik Partnerschaftswünsche	(1)	Hatten Sie bereits eine Paarbeziehung?
	(2)	Wie alt waren Sie, als Ihre erste feste Beziehung begann?
	(3)	Wie viele solcher festen Beziehungen hatten Sie bisher insgesamt?
	(4)	Kam es vor, dass Sie gleichzeitig zwei oder mehrere feste Beziehungen hatten?
	(5)	Haben Sie gegenwärtig eine feste Paarbeziehung?
	(6)	Wie sehr lieben Sie Ihre Partnerin/Ihren Partner?
	(7)	Wie lange besteht die Partnerschaft schon?
	(8)	Leben Sie mit Ihrem Partner/Ihrer Partnerin in einem gemeinsamen Haushalt?
	(9)	Wie oft sehen Sie Ihren Partner/Ihre Partnerin?
	(10)	Haben Sie mit Ihrem Partner/Ihrer Partnerin schon Geschlechtsverkehr/Sex gehabt?
	(11)	Hatten Sie während der jetzigen Paarbeziehung Geschlechtsverkehr/Sex mit anderen Personen?
	(12)	Wie zufrieden sind Sie mit Ihrer Paarbeziehung?
	(13)	Wünschen Sie sich eine (neue) Paarbeziehung?
	(14a)	Würden Sie es tolerieren, wenn Ihre Partnerin/Ihr Partner außerhalb Ihrer Beziehung Intimkontakte hätte?
	(14b)	Würden Sie sich die Freiheit nehmen, außerhalb Ihrer Beziehung Intimkontakte einzugehen?

	(15a)	Partnerbild: berufliches Engagement
	(15b)	Partnerbild: Haushalt
	(15c)	Partnerbild: Kindererziehung
	(15d)	Partnerbild: Freizeitgestaltung
	(15e)	Partnerbild: Geld verdienen
	(15f)	Partnerbild: berufl. Qualifikationsniveau
	(15g)	Partnerbild: Intelligenz
	(20)	Mit welcher Klassenstufe hat Ihr Partner/Ihre Partnerin die Schule abgeschlossen bzw. wird die Schule abschließen?
	(22)	Was ist die derzeitige Tätigkeit Ihres Partners/Ihrer Partnerin?
	(25)	Was ist die bisher höchste berufliche Qualifikation Ihres Partners/Ihrer Partnerin?
	(27)	Unabhängig von Ihrem aktuellen Familienstand: Wie würden Sie am liebsten Ihre persönliche Zukunft gestalten?
27	(32b)	Wie viele Kinder würden Sie am liebsten haben bzw. hätten Sie am liebsten gehabt?
Angaben zur Person	(16)	In welchem Bundesland wohnen Sie?
	(17)	Wie alt sind Sie?
	(18)	Bitte geben Sie Ihr Geschlecht an!
	(19)	Mit welcher Klassenstufe haben Sie die Schule abgeschlossen bzw. werden Sie die Schule abschließen?
	(21)	Was ist Ihre derzeitige Tätigkeit?
	(23)	Wie bewerten Sie Ihre finanzielle Situation?
	(24)	Was ist Ihre bisher höchste berufliche Qualifikation?
	(26)	Wie ist Ihr aktueller Familienstand?
	(28)	Wo wohnen Sie zurzeit an den meisten Tagen der Woche?

	(29a)	Wie viele Personen leben insgesamt in Ihrem Haushalt?
	(29b)	Wie viele davon sind Kinder?
	(29c)	Wie viele Quadratmeter Wohnfläche stehen Ihnen insgesamt zur Verfügung?
	(30)	Wie groß ist der Ort, in dem Sie überwiegend leben?
	(31)	Wie oft sind Sie in ihrem Leben bisher umgezogen (Wechsel des Hauptwohnsitzes)?
	(32a)	Wie viele eigene Kinder haben Sie?
	(37)	Wie würden Sie Ihre heutige Weltanschauung bezeichnen?
17	(38)	Wenn am nächsten Sonntag Bundestagswahl wäre und Sie wären wahlberechtigt: Welche Partei würden Sie wählen?
Familiäre Herkunftsbedingungen	(33)	Bei wem sind Sie überwiegend aufgewachsen?
	(34)	Wo sind Sie überwiegend auzfgewachsen?
	(35)	Mit wie vielen Geschwistern sind Sie gemeinsam aufgewachsen?
	(36)	Sind Sie religiös erzogen worden?
	(39a)v	Meine Eltern waren liebevoll und zärtlich zueinander.
	(39b)	Mein Vater war liebevoll und zärtlich zu mir.
	(39c)	Meine Mutter war liebevoll und zärtlich zu mir.
	(39d)	Meine Mutter vermied es, sich vor mir nackt zu zeigen.
	(39e)	Mein Vater vermied es, sich vor mir nackt zu zeigen.
	(39f)	Mit meinem Vater konnte ich über alles sprechen, was Liebe und Sexualität betraf.

	(39g)	Mit meiner Mutter konnte ich über alles sprechen, was Liebe und Sexualität betraf.
	(40a)	Meine Eltern beschimpften sich.
	(40b)	Zwischen meinen Eltern kam es zu handgreiflichen Auseinandersetzungen.
14	(40c)	Ich wurde von den Eltern/einem Elternteil geschlagen.
Initiale sexuelle Erfahrungen - erste Male	(41)	In welchem Alter haben Sie das Folgende zum ersten Mal erlebt?
	(41a)	Selbstbefriedigung
	(41b)	den ersten „richtigen" Kuss
	(41c)	intime körperliche Kontakte mit einem/einer andersgeschlechtlichen Partner/Partnerin
	(41d)	intime körperliche Kontakte mit einem/einer gleichgeschlechtlichen Partner/Partnerin
	(41e)	den ersten Geschlechtsverkehr/Sex
	(42)	Wie alt war Ihr Partner/Ihre Partnerin bei Ihrem ersten Geschlechtsverkehr/Sex?
	(43)	In welcher Beziehung standen Sie zu der Person, mit der Sie Ihren ersten Geschlechtsverkehr/Sex hatten?
	(44)	War Ihr erster Geschlechtsverkehr/Sex auch für Ihren Partner/Ihre Partnerin der erste?
	(45)	Von wem ging bei Ihrem ersten Geschlechtsverkehr/Sex die Initiative aus?
	(46)	Erfolgte der erste Geschlechtsverkehr/Sex gegen Ihren Willen?
	(47)	War der erste Geschlechtsverkehr/Sex für Sie ein Erlebnis, das Sie stark beeindruckt hat?
12	(48)	Haben Sie beim ersten Geschlechtsverkehr/Sex für Verhütung gesorgt?

Erfahrungen mit/ Einstellungen zu Sexualität		Haben Sie das Folgende schon ausprobiert?
	(49a)	öffentlich nackt gebadet (FKK)
	(49b)	eine gemischte Sauna besucht
	(49c)	allein Porno-Videos angesehen
	(49d)	mit Freundinnen/Freunden Porno-Videos angesehen
	(49e)	mit Partner/Partnerin Porno-Videos angesehen
	(49f)	anonymen Sex (intime Kontakte mit unbekannter Person)
	(49g)	One-Night-Stand (einmaliger spontaner Sex)
	(49h)	Sex gegen Bezahlung
	(49i)	Oralverkehr
	(49j)	Analverkehr
	(49k)	erotische Kommunikation über Social Media
	(49l)	ein Dating-Portal genutzt
	(49m)	Sex mit zwei oder mehreren Personen gleichzeitig
	(49n)	Sexualpartner/-partnerin über das Internet kennen gelernt
	(49o)	Sex via Cam mit bekannter Person
	(49p)	Sex via Cam mit unbekannter Person
	(49q)	erotische/sexuelle Fotos oder Videos selbst hergestellt
	(49r)	eigene erotische/sexuelle Fotos oder Videos weitergegeben
	(49s)	BDSM-Praktiken
	(50a)	Ich kann meinen Partner/meine Partnerin sehr lieben und zugleich eine andere Person gernhaben (einschließlich Geschlechtsverkehr/Sex)

	(50b)	Es wäre mir zuwider, mit jemanden sexuell zu verkehren, den/ die ich nicht liebe.
	(50c)	Wenn mein Partner/meine Partnerin zur Befriedigung Pornografie nutzt, ist das wie Fremdgehen.
	(50d)	Pornografie kann unrealistische Vorstellungen von Sexualität vermitteln.
	(50e)	Wenn sich zwei Männer auf der Straße küssen, finde ich das abstoßend.
	(50f)	Wenn sich zwei Frauen auf der Straße küssen, finde ich das abstoßend.
	(50g)	Niemand sollte wegen seiner homosexuellen Neigung diskriminiert werden.
	(52)	Frauen können in Deutschland einen Schwangerschaftsabbruch vornehmen lassen. Haben Sie bzw. ihre jetzige oder frühere Partnerin davon schon Gebrauch gemacht?
	(53)	Angenommen Sie/Ihre Partnerin wäre/n ungewollt schwanger geworden: Würden Sie die Möglichkeit eines Schwangerschaftsabbruchs in Anspruch nehmen?
29	(54)	Wie stehen Sie zum Schwangerschaftsabbruch?
Sexuelle Orientierung	(51a)	Meine sexuellen Phantasien/Träume beziehen sich...
2	(51b)	Meine gelebte sexuelle Orientierung bezieht sich...
Erfahrung mit sexueller Belästigung		Haben Sie sich schon einmal sexuell belästigt gefühlt?
	(54a)	durch Worte (z. B. anzügliche Bemerkungen, Witze, Kommentare)
	(54b)	durch unerwünschte, unnötige körperliche Berührungen

	(54c)	durch sexistische/pornografische Schmierereien (z. B. Schule, Arbeitsplatz, Öffentlichkeit)
	(54d)	durch ungewollte Konfrontation mit Bildern/ Videos sexuellen Inhaltes (z. B. Pornoclips)
	(54e)	durch Exhibitionisten (zur Schau stellen der eigenen Geschlechtsteile gegenüber anderen, die dem unfreiwillig ausgesetzt sind)
	(54f)	durch Voyeuristen („beglotzt" werden, z. B. in der Sauna)
	(54g)	durch Nachrichten über Messenger-Dienste (z. B. WhatsApp, Telegram, Facebook, Messenger)
	(54h)	durch Musik (z. B. sexistischen Rap)
	(54i)	durch sexualisierte Online-Spiele
	(54j)	durch Gemälde im Museum
	(54k)	durch sexualisierte Werbung
	(54l)	durch Stalking (Belästigung durch unerwünschte Liebesbezeugungen, Geschenke u. a.)
	(54m)	durch etwas anderes
	(56)	Bitte schätzen Sie ungefähr ab, wie oft Sie selbst *im schulischen Umfeld* sexuelle Belästigung/sexuelle Gewalt schon erlebt haben.
	(56a)	Wie oft wurde dabei körperliche Gewalt (z. B. Festhalten, Schlagen) angewandt
	(56b)	Wie oft wurde dabei verbale Gewalt (z. B. Beschimpfen, Drohen) angewandt?
	(56c)	Wie oft wurden Sie dabei durch MitschülerInnen belästigt?
	(56d)	Wie oft wurden Sie dabei durch LehrerInnen belästigt?

	(57)	Bitte schätzen Sie ungefähr ab, wie oft Sie selbst *im beruflichen Umfeld* (bzw. in Hochschule oder Berufsschule o.ä.) sexuelle Belästigung/sexuelle Gewalt schon erlebt haben.
	(57a)	Wie oft wurde dabei körperliche Gewalt (z. B. Festhalten, Schlagen) angewandt
	(57b)	Wie oft wurde dabei verbale Gewalt (z. B. Beschimpfen, Drohen) angewandt?
	(57c)	Wie oft wurden Sie dabei durch KollegInnen, KommilitonInnen, MitschülerInnen belästigt?
	(57d)	Wie oft wurden Sie dabei durch Vorgesetzte/Lehrende belästigt?
	(58)	Bitte schätzen Sie ungefähr ab, wie oft Sie selbst *im Freizeitbereich* (Sport-verein, Disco, in der Öffentlichkeit o. ä.) sexuelle Belästigung/sexuelle Gewalt schon erlebt haben.
	(58a)	Wie oft wurde dabei körperliche Gewalt (z.B. Festhalten, Schlagen) angewandt?
	(58b)	Wie oft wurde dabei verbale Gewalt (z.B. Beschimpfen, Drohen) angewandt?
	(58c)	Wie oft wurden Sie dabei durch Autoritätspersonen belästigt?
	(58d)	Wie oft wurden Sie dabei durch fremde Erwachsene belästigt?
	(58e)	Wie oft wurden Sie dabei durch bekannte Erwachsene belästigt?
	(58f)	Wie oft wurden Sie dabei durch andere Kinder/Jugendliche belästigt?
	(59)	Bitte schätzen Sie ungefähr ab, wie oft Sie selbst *im familiären Umfeld* (Kernfamilie) sexuelle Belästigung/sexuelle Gewalt schon erlebt haben.

	(59a)	Wie oft wurde dabei körperliche Gewalt (z. B. Festhalten, Schlagen) angewandt?
	(59b)	Wie oft wurde dabei verbale Gewalt (z. B. Beschimpfen, Drohen) angewandt?
	(59c)	Wie oft wurden Sie dabei durch Erwachsene belästigt?
	(59d)	Wie oft wurden Sie dabei durch Geschwister belästigt?
	(60)	Bitte schätzen Sie ungefähr ab, wie oft Sie selbst über das *Internet* sexuelle Belästigung/sexuelle Gewalt schon erlebt haben.
	(60a)	Wie oft wurde dabei Erpressung durch Bilder und Videos angewandt?
	(60b)	Wie oft wurde dabei versucht, Sie persönlich fertig zu machen oder bloß zu stellen?
	(60c)	Wie oft wurden dabei gegen Ihren Willen intime Fotos oder Videos präsentiert?
	(60d)	Wie oft gab es dabei Versuche, ein sexuelles Verhältnis anzubahnen?
	(61)	Wenn Sie sich erinnern: War Ihnen vorher bewusst, dass sie Grenzverletzungen durch die Nutzung der jeweiligen Online-Angebote erleben könnten?
	(62)	Haben Sie ihr Nutzungsverhalten nach der erlebten Grenzverletzung verändert?
43	(62offen)	Was haben Sie geändert?
Gewalt in Paarbeziehung	63	aktuell
	(63akt a)	Sind Sie selbst schon einmal von Ihrer Partnerin/Ihrem Partner verbal bedroht worden ?
	(63akt b)	Sind Sie selbst schon einmal von Ihrer Partnerin/Ihrem Partner geschlagen worden

	(63akt c)	Sind Sie selbst schon einmal von Ihrer Partnerin/Ihrem Partner zu sexuellen Handlungen gezwungen worden?
	(63akt d)	Haben Sie selbst schon einmal Ihre Partnerin/Ihren Partner verbal bedroht?
	(63akt e)	Haben Sie selbst schon einmal Ihre Partnerin/Ihren Partner geschlagen?
	(63akt f)	Haben Sie selbst schon einmal Ihre Partnerin/Ihren Partner zu sexuellen Handlungen gezwungen?
	63	vergangen
	(63vgh a)	Sind Sie selbst schon einmal von Ihrer Partnerin/Ihrem Partner verbal bedroht worden?
	(63vgh b)	Sind Sie selbst schon einmal von Ihrer Partnerin/Ihrem Partner geschlagen worden
	(63vgh c)	Sind Sie selbst schon einmal von Ihrer Partnerin/Ihrem Partner zu sexuellen Handlungen gezwungen worden?
	(63vgh d)	Haben Sie selbst schon einmal Ihre Partnerin/Ihren Partner verbal bedroht?
	(63vgh e)	Haben Sie selbst schon einmal Ihre Partnerin/Ihren Partner geschlagen?
2	(63vgh f)	Haben Sie selbst schon einmal Ihre Partnerin/Ihren Partner zu sexuellen Handlungen gezwungen?
Erfahrung mit sexueller Gewalt	(64a)	Mir sind Mädchen/Frauen bekannt, die durch Gewalt oder Drohung zum Geschlechtsverkehr oder anderen sexuellen Handlugen gezwungen wurden.
	(64b)	Mir sind Jungen/Männer bekannt, die durch Gewalt oder Drohung zum Geschlechtsverkehr oder anderen sexuellen Handlungen gezwungen wurden.

	(64c)	Jemand versuchte, mich zum Geschlechtsverkehr oder anderen sexuellen Handlungen zu zwingen.
	(64d)	Ich wurde zum Geschlechtsverkehr oder anderen sexuellen Handlung gezwungen.
	(64e)	Ich habe selbst versucht, jemanden zum Geschlechtsverkehr oder anderen sexuellen Handlungen zu zwingen.
	(64f)	Ich habe jemanden zum Geschlechtsverkehr oder anderen sexuellen Handlungen gezwungen.
	(64g)	Mir sind Jungen/Männer bekannt, die jemanden zum Geschlechtsverkehr oder anderen sexuellen Handlungen gezwungen haben.
8	(64h)	Mir sind Mädchen/Frauen bekannt, die jemanden zum Geschlechtsverkehr oder anderen sexuellen Handlungen gezwungen haben.
Einprägsames Erlebnis	(65)	Gibt es ein einprägsamstes Erlebnis (sexuelle Belästigung/ sexueller Übergriff) an das Sie sich besonders erinnern?
	(65a)	online (im Internet)
	(65b)	offline (in direktem Kontakt)
	(65c)	verbal (z.B. durch sexualisierte Sprache oder Bedrohung)
	(65d)	durch ungewolltes Zeigen von Nacktbildern/Pornografie
	(65e)	durch ungewolltes Zeigen von Geschlechtsteilen
	(65f)	durch erzwungene Küsse oder Begrabschen
	(65g)	durch andere erzwungene sexuelle Handlungen (z. B. Oralverkehr, Geschlechtsverkehr)
	(65h)	durch etwas anderes
	(65h	offen)

	(66)	Haben Sie das Erlebnis als Übergriff wahrgenommen?
	(67)	Wie alt waren Sie?
	(68)	Wie alt war schätzungsweise der Täter/die Täterin
	(69)	Welches Geschlecht hatte der Täter/die Täterin?
	(70)	War Ihnen der Täter/die Täterin bekannt?
	(71)	Haben Sie sich nach dem Erlebnis jemandem anvertraut?
	(72)	Wurde polizeilich Anzeige erstattet?
	(73offen)	Was hat Ihre Entscheidung beeinflusst?
	(74)	Wie stark leiden Sie gegenwärtig unter diesem Erlebnis?
		Inwieweit haben Sie Hilfe und Unterstützung bei der Bewältigung dieses Erlebnisses erhalten?
	(75a)	Ich habe bereits Hilfe bekommen.
	(75b)	Ich hätte gern (weitere) Hilfe.
		Haben Sie durch die nachfolgenden Personen bzw. Institutionen Hilfe und Unterstützung erhalten?
	(76a)	Vater
	(76b)	Mutter
	(76c)	Geschwister
	(76d)	andere Verwandte
	(76e)	Freundinnen/Freunde
	(76f)	Partnerinnen/Partner
	(76g)	Lehrerinnen /Lehrer
	(76h)	Kolleginnen/Kollegen
	(76i)	Vorgesetze
	(76j)	Sexualpädagoginnen/Sexualpädagogen
	(76k)	Fachberatungsstelle

	(76l)	andere
	(76 offen)	
	(77)	Gibt es weitere Erlebnisse (abgesehen vom einprägsamsten), die Sie erst im Nachhinein als Übergriffe erkannt haben?
35		
Verunsicherungen des Sexualverhaltens		Wie stark fühlen Sie sich in Ihrem Sexualverhalten durch die folgenden Aspekte verunsichert?
	(78a)	durch HIV/Aids
	(78b)	durch andere sexuell übertragbare Krankheiten
	(78c)	durch mögliche Bloßstellung im Internet/per Handy/im sozialen Umfeld
	(78d)	durch sexuelle Gewalt
	(78e)	durch die Möglichkeit einer Schwangerschaft
	(78f)	durch die über Pornografie vermittelten Beispiele
	(78g)	durch meine Unerfahrenheit
	(78h)	durch meine sexuelle Orientierung bzw. gesellschaftliche Normen hierzu
	(78i)	durch Probleme mit partnerschaftlicher Sexualität
	(78j)	durch etwas anderes
11	(78 offen)	
GV-Aktivität Orgasmuserleben Anzahl Sexpartner Sexuelle Störungen	(79)	Hatten Sie in den vergangenen zwölf Monaten Geschlechtsverkehr/Sex?
	(80)	Wie oft hatten Sie in den letzten vier Wochen Geschlechtsverkehr/Sex?
	(81)	Wie oft gelangten Sie dabei zum Orgasmus?
	(82)	Haben Sie schon einmal einen Orgasmus vorgetäuscht?
		Wie wichtig ist Ihnen beim Geschlechts-verkehr/Sex das Folgende?

	(83a)	dass ich einen Orgasmus bekomme.
	(83b)	dass mein/e Partner/in einen Orgasmus bekommt.
	84.	Mit wie vielen Partnern/ Partnerinnen hatten Sie insgesamt schon Geschlechtsverkehr/Sex?
		Wie oft haben Sie in den letzten 12 Monaten das Folgende erlebt **(häu)** und wie stark fühlen Sie sich jeweils dadurch in Ihrem Sexualleben beeinträchtigt **(btr)**?
	(85häu a)	Ich habe keine Lust auf Geschlechtsverkehr/Sex.
	(85häu b)	Mein Partner/ meine Partnerin hat keine Lust auf Geschlechtsverkehr/Sex.
	(85häu c)	Ich habe Geschlechtsverkehr/Sex auf Drängen meines Partners/meiner Partnerin.
	(85häu d)	Beim Geschlechtsverkehr/Sex wird das Glied zum notwendigen Zeitpunkt nicht richtig steif.
	(85häu e)	Beim Geschlechtsverkehr/Sex wird die Scheide nicht ausreichend feucht.
	(85häu f)	Der Samenerguss erfolgt schon vor dem Einführen des Gliedes.
	(85häu g)	Der Orgasmus erfolgt bei mir zu schnell.
	(85häu h)	Der Orgasmus erfolgt bei meinem Partner/meiner Partnerin zu schnell.
	(85häu i)	Ich habe Schmerzen beim Geschlechtsverkehr/Sex
	(85häu j)	Mein Partner/meine Partnerin hat Schmerzen beim Geschlechtsverkehr/Sex.
	(85btr a)	Ich habe keine Lust auf Geschlechtsverkehr/Sex.

	(85btr b)	Mein Partner/ meine Partnerin hat keine Lust auf Geschlechtsverkehr/Sex.
	(85btr c)	Ich habe Geschlechtsverkehr/Sex auf Drängen meines Partners/meiner Partnerin.
	(85btr d)	Beim Geschlechtsverkehr/Sex wird das Glied zum notwendigen Zeitpunkt nicht richtig steif.
	(85btr e)	Beim Geschlechtsverkehr/Sex wird die Scheide nicht ausreichend feucht.
	(85btr f)	Der Samenerguss erfolgt schon vor dem Einführen des Gliedes.
	(85btr g)	Der Orgasmus erfolgt bei mir zu schnell.
	(85btr h)	Der Orgasmus erfolgt bei meinem Partner/meiner Partnerin zu schnell.
	(85btr i)	Ich habe Schmerzen beim Geschlechtsverkehr/Sex
27	(85btr j)	Mein Partner/meine Partnerin hat Schmerzen beim Geschlechtsverkehr/ Sex.
Habituelle Selbstbefriedigung	(86)	An wie viel Tagen haben Sie sich in den vergangenen vier Wochen selbst befriedigt?
		Wie oft nutzen Sie das Folgende zur Selbstbefriedigung?
	(87a)	Sex-Videos im Internet
	(87b)	kommerzielle Webcam-Angebote
	(87c)	erotische Bilder/ Videos/Geschichten
	(87d)	Sex Toys
	(87e)	meine eigene Phantasie
	(87f)	etwas anderes
8	(87 offen)	

Corona-Veränderungen		Wie hat sich seit Beginn der Corona-Maßnahmen in ihrem Leben das Folgende verändert?
	(88a)	meine seelische Verfassung
	(88b)	meine partnerschaftliche Situation
	(88c)	meine Beziehung zu den Kindern
	(88d)	meine Beziehungen zu Freunden
	(88e)	meine Freizeitgestaltung
	(88f)	meine berufliche Situation
7	(88g)	meine finanzielle Situation
Methodische Fragen	(89)	Gab es in diesem Befragung Fragen, die Sie nicht beantworten konnten oder wollten?
	(90)	Haben Sie den Fragebogen gewissenhaft ausgefüllt?
	(91 offen)	Gab es Fragen, zu denen Sie etwas kommentieren, etwas loswerden möchten?
4	(92)	Wodurch sind Sie auf die Studie PARTNER 5 aufmerksam geworden?
246